국가균형발전과
교육의 미래

국가균형발전과 교육의 미래

윤복상 지음

글라이더

들어가는 글

바야흐로 지방 소멸의 시대다. 지방 중소도시의 신생아 수는 학교의 정상적인 운영 자체가 힘들 정도로 급감하고 있고, 노동 인구인 청년층의 인구 유출도 가속화되고 있다. 수도권이나 기존의 대도시들은 사람들이 계속 몰려들기 때문에 기존 인프라가 밀려드는 인구를 소화해내지 못하는 '인구 과잉'에 허덕이고 있다면, 반대로 지방의 도시들은 지역 자체의 존립이 위협받는 일종의 시한부 상태에 놓이게 된 것이다.

지금의 현상들은 이미 사람들의 일상 속에 자연스럽게 스며들고 있다. 이미 대도시에서는 부동산 가격이 폭등하여 내 집 마련은 꿈에도 담기 어려운 일이 된 경우가 많다. 그리고 과도한 집중화로 인해 발생하는 슬럼화는 도시 자체의 삶의 질에 대한 의문을 우리에게 던져준다. 지방 도시의 사람들은 언제 터질지 모르는 소멸의 시한폭탄 속에서 막연한 발전에 대한 기대감조차 없이 살아가고 있다. 게다가 코로나19 바이러스의 유행은 지역들이 조금이나마 품고 있는 희망을 송두리째 앗아가고 있다.

그러나 이제는 변화할 때다. 국가균형발전의 이유에 대해 진지하게 생각하고 어떻게 그것을 이루어나갈 수 있을지 가장 평범한 '시민'들부터 발걸음을 내딛어야 한다. 그리고 국가균형발전의 이론이나 방법, 또는 방향에 있어 그 중심에 '교육'이 있어야 한다. 교육은 사람과 지역, 그리고 국가의 연속성을 책임질 수 있는 존재 그 자체다. 국가균형발전이라는 가치가 시대가 변화해도 계속 이어질 수 있는 건, 정책의 강도가 아닌 교육의 지속성에 있다.

교육의 미래는 곧 국가의 미래이기도 하다. 그리고 교육이 백년대계라고 하는 것은, 교육의 방향을 어떻게 처음 설정하느냐에 따라 국가 전체의 명운이 달라질 수 있다는 것을 의미한다. 교육의 틀 안에 국가균형발전의 가치가 자연스럽게 들어와서 학생들이 명시적으로 혹은 잠재적으로 이를 체득한다면, 멀지 않은 미래에 공교육을 이수한 청년들은 국가균형발전에 관해 깊게 사고할 수 있는 능력을 갖추게 될 것이다. 이는 '균형 잡힌 국토'라는 긍정적인 방향으로 변화된 미래를 만드는 데에도 많은 도움이 될 것이다.

이 책은 국가균형발전을 왜 추진해야 하는지 이유를 먼저 찾고, 그 다음에 그것을 추진할 구체적인 방법에 대해 답을 논의한다. 그런 다음 국가균형발전과 교육을 접목하여, 어떻게 국가균형발전이 시대가 지나도 계속 발전하며 이어질 수 있는지에 대해 고찰한다. 이 과정에서 교육과정의 맥락 속에 국가균형발전의 가치를 어떻게 녹여낼 지를 주로 고찰해보았다. 마지막으로 국가균형발전과 교육이 이러한 불균형과 감염병 등의 불확실성의 시대에 어떤 방향으로 나아가야 할지에 대한 의견과 부록을 통해 최근에 화제가 되는 국가균형발전 관련 이슈에 관한 짧은 고견을 담았다.

국가균형발전에 대한 논의는 정치권이나 학계에서 지속적으로 제기되어 왔지만, 실제 교육과의 연계를 다룬 적은 거의 없었다. 이제는 적극적으로 그 작업을 시작해야 될 때다. 지방 소멸을 막는 것은 경제적 지원에도 있겠지만, 본질적으로 교육을 통한 인식 전환이 가장 중요하다. 국가균형발전과 교육이 그리는 미래는 다가오는 미래 사회를 준비하는 것에 떨어져 있지 않고 함께 있다.

부디 이 글을 접하게 될 독자들께서 국가균형발전의 가치에 깊이 이해하고, 교육을 통해 가치를 재생산하는 것에 공감하셨으면 하는 바이다. 국가균형발전과 교육이 함께 그리는 미래의 품 안에서, 전 국토와 지역들이 각자의 개성에 맞게 희망의 목소리를 키우는 밝은 빛의 대한민국을 간절히 기원하는 바이다.

2021년 5월

윤복상

차례

I

우리가 필요로 하는 국가균형발전

●

균형발전의 추진
당위성에 관하여

●

• • •

　국가균형발전은 그 이름을 사용한 특별법이 있는 사회적으로 주목받기 시작하는 가치라고 할 수 있다. 국가균형발전 특별법은 "지역 간의 불균형을 해소하고, 지역의 특성에 맞는 자립적 발전을 통하여 국민생활의 균등한 향상과 국가균형발전에 이바지함을 목적"[1]으로 하며 존재 의의를 두고 있다. 결국 이 문구는 국가균형발전의 목적과도 연결된다고 할 수 있다. 지역들 사이의 불균형함을 균형의 상태로 만들고, 지역에 맞는 맞춤형 발전을 추구하여 생활과 균형발전에 증진할 수 있다는 것이다.

　하지만 현재의 대한민국은 위에서 말한 균형의 상태와 점점 거리가 멀어지고 있다. 수도권 집중화는 더욱 심화되고 있고, 또한 지방은 점점 소멸의 그림자 속에서 벌벌 떨고 있는 형국이다. 이러한 상황에서 실제적으로 국가균형발전에 대해 고민하며, 국가균형발전이 왜 필요한지에 대해 고민하는 것이 우선적인 과제로 떠오르고 있다. 이 장에서는 여러 근거들을 토대로 해서 국가균형발전의 목적을 밝히고 그 추진의 당위성에 대해 논하고자 한다.

01
과도한 집중,
다이어트가 필요하다

현재 대한민국의 발전의 가장 큰 걸림돌은 지나친 불균형적 발전에 있다고 볼 수 있다. 불균형이라는 말은 한쪽으로 사회적 재화나 서비스가 집중되어 있다는 것을 의미한다. 인구총조사 자료를 보더라도 17개 광역자치단체의 3개(서울특별시, 인천광역시, 경기도)에 해당되는 규모에서 전체 인구의 49.8%가 거주하고 있다.[2] 남한의 전체 면적 대비 위 세 개의 광역자치단체의 면적을 생각하면 인구 과밀의 정도를 짐작할만하다.

이러한 집중화 경향은 다양한 문제를 초래한다. 우선 인구의 과밀로 인한 각종 도시 문제가 생기게 되어 삶의 질은 현저히 낮아질 가능성이 높다. 그리고 1970년대부터 사회의 고질적인 문제로 자리 잡아 온 이촌향도 현상은 지금 시점에 이르러 개선이 아닌 더욱 만연한 상태로 심화가 될 것이다. 그렇게 되면 단순한 인구 이동의 측면이 아닌, 지방 소멸이라는 극단적인 형태로까지 이어지게 되어 우리나라의 전체 경제를 지탱하던 여러 버팀목들이 하나씩 사라져 갈 것이다. 이러한 집중화에 따른 문제와 지방 소멸을 막는 가장 확실한 방법은 국가균형발전이라고 할 수 있다. 이번 단락에서는 국가균형발전이 어떻게 집중화를 해결하고 지방 소멸의 문제를 해결할지 이야기를 하려고 한다.

과도한 집중 개발과 치솟는 주택 비용

현재 대한민국은 가히 부동산 공화국이라고 할 수 있다. 치솟는 부동산 가격의 증가 폭(자본소득)은 일반 근로자가 저축의 형태로 착실하게 모아 구입할 수 있는 성실함의 속도(노동소득)를 단번에 뛰어넘고 있다. 주택 공급의 양은 수도권과 비수도권을 비교했을 때 수도권이 압도적으로 많다고 볼 수 있다. 단적으로, 서울 외곽의 대규모 택지 조성 사업(신도시 건설)은 1기, 2기를 거쳐 현재 3기까지 이어지고 있다. 분명 공급은 늘기 때문에 주택 가격은 당연히 하락세로 조정되어야 하는 것이 아닌가 생각이 들 수도 있지만, 현실은 그 반대로 가고 있다는 것이 지금의 아이러니다.

일단 기본적으로 이 문제에 대한 해석은 수요와 공급의 비대칭에서 찾아야 한다. 주택 공급의 양을 단순히 일부 국책 사업 내지 신규 건설 사업만으로 속단하기는 이르다. 이것은 공급보다는 수요의 문제가 크다. 먼저, 청년의 경우 우선 일자리를 위해 수도권으로 쏠리는 경향이 더 크다고 볼 수 있다. 이들이 구직을 함에 있어 기본적으로 수도권의 일자리 총량이 더 큰 점이 명목적인 이유라면, 인프라 낙후나 기존 생활 환경으로부터 멀어지는 점, 사회적 상호작용의 원활성 등의 이유는 결코 간과할 수 없는 실제적인 이유라고 볼 수 있다. 여러 제조 분야 대기업에서의 지방 근무나, 공공 기관의 세종특별자치시 및 혁신도시 근무가 수도권 근무에 비해 인기가 덜한 것이 그것에 대한 부연이라고 볼 수 있다. 실제로 혁신도시의 직장인들의 경우 평일에는 임시 거처에서 생활을 하고 주말에 수도권의 집으로 돌아가는 "기러기 생활"을 하고 있다는 보도 역시 존재한다.[3]

다음으로, 미성년자인 자녀를 둔 가족의 예의 경우, 수요에 있어 큰 이유를 차지하는 것이 교육 문제라고 할 수 있다. 입시 위주의 현재 체제 아래에서는 경쟁선에서 우위를 점하기 위해 사교육에 의존하는 것이 상례가 되었다. 지금도 학원가가 밀집한 대치동이나 목동, 안양의 평촌 학원가들은 학원 승합차와 학부모들의 차로 즐비하다. 사교육의 실제 입시에서의 효용과는 별개로 이러한 투자들은 미래의 성공에 대한 주문이 된지 오래다.

장년층이나 노년층의 경우는 어떨까? 우리가 흔히 비수도권 지방, 그 중에서도 농산어촌으로 대표되는 촌락 지역에 대한 흔한 이미지로 생각하는 것이 즐비한 중, 노년층이다. 이들은 주로 1차 산업에 종사하며 어린 아이들이 없는 한적한 마을을 채우는 역할을 하는 상투적 이미지로 대표가 된다. 하지만 장, 노년층의 경우 오히려 의료 서비스의 혜택을 받기 위해 수도권 내지 대도시 지역으로 이동하는 경우가 많다. 이들이 가진 건강의 문제를 해결하기에는 읍면 지역의 의료 인프라가 한참 못 미치는 경우가 많기 때문이다. 이러한 사례들을 종합해보면, 현재의 수도권 집중화 경향에 따른 부동산 가격의 상승은 수요와 공급의 비대칭이 주요 원인이며, 공급에 비교하여 높은 수요가 이를 뒷받침한다는 것을 알 수 있다.

각종 개발의 흐름이 수도권 쪽으로 집중되는 경향 역시 주택의 가격을 우상향으로 견인하는 주된 요인이다. 소위 역세권이라는 개념으로 대표되는 사회간접자본에 의한 혜택은 수도권에서는 일상적인 일이다. 지하철의 신규 건설 및 연장, GTX 등은 언제나 분양 시장을 들썩이게 만든다. 파주, 양주, 동탄 등지에 소재한 2기 신도시들의 경우 원래 서울과 물리적인 거리 자체가 멀어서 1기 신도시나 기타 재개발 지역에 비해 관심을 덜 받아왔다. 서울과 물리적 거리가 멀다는 것은 2기 신도시들의 부동산 가격이 정체되는 주된 요인이기도 하였다. 그런데 GTX 건설 계획과 추진이 점차 가시화되면서 부동산 가격의 상승을 기대하고 있다. 이러한 현상을 통틀어 세간에서는 호재라는 단어를 사용한다.

소위 호재는 수도권과 비수도권을 비교했을 때 수도권에서 발생할 가능성이 높을 수밖에 없다. 이것을 일으키는 사회간접자본(SOC)은 수요를 토대로 하기 때문에 인구가 상대적으로 많은 곳에 더 투자하는 것이 유리하다. 이것은 역으로 사회간접자본이 만들어낼 수 있는 경제적 효과나 인권의 영역(오지, 벽지의 접근성 개선)과는 별개로 말이다. 이러한 호재의 집중화 경향은 제로섬 게임으로 접근할 수는 없다. 꼭 필요한 개발을 균형을 위해 빼앗을 수는 없기 때문이다. 그렇지만 균형을 위해 소외되었던 지역에 대해 개발의 관심을 돌리는 것은 장기적인 방안이 충분히 될 수 있을 것이다.

이번 단락에서 살펴보았듯이, 과도한 집중 개발은 오히려 주택 비용을 증가시킨다. 물론 수도권에서도 공급이 지속적으로 더해지고 있지만, 급증하는 수요와 호재(사회간접자본 건설 등)의 집중은 이를 상쇄한다. 국가균형발전은 단기적인 대증 요법이 아닌 장기적인 정책과 방법으로 이러한 개발의 불균형을 해소해나갈 수 있다. 앞에서 말했듯이 균형발전은 무언가를 빼앗아 가져오는 방향이 되어서는 안 된다. 필요한 개발은 남기고, 소외된 지역으로 개발의 관심을 유도하는 쪽이 더 바람직할 것이다.

슬럼화를 불러일으키는 집중화

도시의 집중화로 인한 슬럼화는 일반적이면서도 대표적인 도시 문제라고 할 수 있다. 최근에는 젠트리피케이션이라는 현상으로 인한 공동화 및 슬럼화가 가속화되고 있는 실정이기도 하다. 슬럼화는 쉽게 말해서 지역이 낙후되는 현상을 의미한다. 인구가 유출되어 주거, 상업 공간이 공실이 될 수도 있고, 지역 거주민들의 소득이 낮게 분포하는 현상이 심화되어 나타날 수도 있다. 슬럼화가 장기화되면 그 지역에 대한 부정적인 인식이 심화되게 되고, 경제적인 침체뿐만 아니라 거주민에 대한 사회적인 낙인으로까지 번질 수 있다.

젠트리피케이션은 어떻게 보면 슬럼화와 상당히 맞닿아있는 문제라고 볼 수 있다. 김정훈(2018)에 따르면, 젠트리피케이션은 도시가 발달하면서 발생하는 사회적 현상으로 문화 자본이 상업 시설에 들어와 낙후되었던 지역이 활성화되면 임대료가 상승하여 원래 있던 주민들이 이주하게 되는 현상이다.[4] 기존의 예술가 집단으로 대표되는 문화 자본은 그들의 정체성으로 지역만의 특징을 생성해냈었다. 이태원의 경리단길이 그러한 흐름의 대표적인 상징이었을 것이다. 하지만 임대료의 상승은 기존의 문화를 주도하던 집단이 설 곳을 없게 만든다. 그 자리를 채우게 되는 것은 개성이 없는 거대 상업 자본(프랜차이즈 등)들이고, 그 지역은 더 이상 그 지역만의 장점이 사라지게 된다.

젠트리피케이션이 일어난 지역은 자연스럽게 사람들의 발길이 감소하고, 급기야 이태원의 사례처럼 공실이 폭증하기까지 한다.[5] 사람들의 관심에서 멀어지는 상업 지역은 빠른 속도로 쇠퇴한다.

이전부터 사회적 문제로 제기되었던 도심 공동화 문제의 경우 젠트리피케이션과 결합할 경우 더욱 가속이 붙을 수 있다. 기존의 도심 공동화 현상이 지가 상승으로 인한 대체 주거 지역의 부각 개념이 컸다면, 젠트리피케이션과 결합된 형태의 도심 공동화는 지역 경제 침체까지 수반하는 특징이 있다. 이러한 젠트리피케이션은 집중 발전의 산물로서, 대형 상업 자본은 영세 상인들의 피를 훔친 뒤 지역의 쇠퇴와 함께 사라진다.

그리고 중심지의 물리적인 수만이 상수는 아니다. 현재의 시대는 SNS(사회 관계망 서비스)로 대표되는 마케팅의 시대다. 이러한 시대적 경향은 유행의 흐름을 타고 사람들이 열광하는 중심지를 새롭게 만들어내는 특징이 있다. 새롭게 부각되는 중심지는 물리적인 공간 그 자체에서 힘을 얻기보다는 문화적인 영향에 의해 생성이 된다. 특정 인사들의 온라인에서의 바이럴 마케팅(입소문을 통한 마케팅) 등이 대표적인 사례라고 볼 수 있다. 이러한 흐름의 특징은 교체의 주기가 빠르다는 것이다. 유명세를 감지하여 거대 상업 자본이 한꺼번에 들어왔다가 다 함께 쇠퇴하는 속도가 더 빨라질 수 있다는 것과 같은 말이다. 집중 발전으로 인해 특정 지역이 호황을 누릴 때와 슬럼화로 쇠퇴를 겪을 때의 온도차는 앞으로 피해를 몸소 받을 사람들에게 처절함을 줄 것이다.

그리고 집중 발전에 의한 고밀도 주거 환경은 상대적으로 불편한 주거 환경과 노후화의 가속화를 초래하였다. 같은 면적의 공간이 보다 많은 사람에 의해 점유되는 시점에서 비교해보면 이러한 환경은 저밀도의 환경보다 낙후될 가능성이 훨씬 농후하다. 집중화 이후에 발생한 슬럼화는 사람들로 하여금 "신도시 지향성"을 가지게 한다. 이것은 낙후된 지역보다 개선된 환경에서 거주하고 싶은 자연스러운 욕구의 발로라고 할 수가 있다.

하지만 문제는 현재의 거주 지역에서 주거 개선이 이루어지는 경우보다(재건축이나 재개발의 형태로 보통 이루어진다) 외곽에서 일어나는 경우가 많다는 것이다. 기존의 낙후된 지역이 다시 개발되는 데는 많은 비용이 들어간다. 낙후도와 별개로 지대는 높게 형성되었기 때문이다. 하지만 상대적으로 낮은 지대의 외곽으로 건설 자본은 눈을 돌린다. 더 낮은 비용에 많은 인원을 수용할 수 있는 택지를 조성할 수 있기 때문이다. 기존의 낙후된 지역은 떠날 수 없는 사람들만 남고, 슬럼화는 점점 지속된다. 수도관이 노후화하여 물을 틀면 녹물이 나오는 경우, 유해한 해충과 불쾌한 동거를 지속하는 등의 현상이 만연하게 되는 것이다.

요점은 결국에는 집중 개발에 있다. 노후화는 과정이 아니라 집중화의 결과적 측면에 해당한다. 집중 개발의 대표적인 특징은 고밀도 개발에 있다. 사람이 거주할 수 있는 면적은 한정되어 있는데 많은 인구가 몰려들기 때문이다. 그렇기 때문에 자연스럽게 생활 여건은 악화되고, 관리나 주거에 대한 책임 의식의 부족으로 노후화는 가속된다. 이러한 집중 개발의 반대 개념은 분산 개발 내지 저밀도 개발이라는 말로 칭할 수 있을 것이다. 저밀도 개발의 특징은 집중형 개발보다 넓고 쾌적한 확장형 시가지를 형성할 수 있다는 것이다. 분산형 개발의 경우 효율적 관리 측면에서 낙후의 가능성이 보다 덜하다.

혹자는 일부 신도시들을 유령도시에 빗대어 저밀도 도시의 단점을 꼬집을 수도 있다. 충북혁신도시의 사례를 예로 들자면, 이 혁신도시가 소재한 진천군에서 조사한 자료에 따르면 도시에 입주한 11개 공공기관의 통근족(거주하지 않고 외지에서 출퇴근하는 사람들)이 39.3%에 달한다고 한다.[6] 하지만 저밀도 개발 지역의 인구 문제는 그 지역의 기반 시설과 일자리의 문제이지, 개발의 형태의 문제가 아니다. 저밀도의 개발 형태에 산업 기반(생산 시설)이 결합한다면 삶의 질과 먹거리를 함께 올릴 수 있을 것이다.

저밀도 개발의 장점을 집중 개발과 비교하여 또 말하자면 사회적 인프라를 계획적으로 설비할 수 있다는 점이다. 집중 개발 지역의 이미지의 대표적인 예가 난잡한 전선과 주차 시설 부족의 만연을 들 수 있다. 이러한 요인들은 슬럼화의 대표적인 사례라고 볼 수 있다. 하지만 저밀도 개발을 하게 되면 보다 용이하게 전선을 지중화하고 주차 공간의 충분한 확보를 통해 계획적인 배치가 가능해진다.

다시 강조하자면 집중화와는 반대 방향으로 가는 것이 슬럼화를 미연에 방지하고 주거 환경으로 인한 삶의 질을 향상시키는 길이다. 국가균형발전의 본질이 분산화이고 지금의 초고밀도 상태의 지역 문제를 해소하는 것에 가장 부합하는 발전 형태라고 할 수 있다. 슬럼화는 현재 집중 개발의 결과로 나타나고 있지만, 다시 이것이 과정이 되어 문제가 악순환의 고리로 빠질 수 있다. 국가균형발전을 통해 앞에서 말했듯 삶의 질을 제고하는 방편으로 나가야 할 것이다.

02
내 지역이 사라진다고?
국가균형발전이 정답이다

현재 우리나라는 수도권과 비수도권으로 양분되어 있다. 그리고 비수도권의 경우 좀 더 줄여서 '지방'이라는 말로 사용하는 경우가 많다. 사실 지방이라는 용어는 사전적인 용어로 보면 어떤 방향의 땅을 지칭하는 의미이다. 서울특별시라는 행정구역을 통할하는 경찰 기관을 '서울지방경찰청'이라고 이전에 불렀던 것은 이러한 의미에서 기인한 것이다. 그렇지만 이렇게 중립적으로 단어가 사용되기 보다는 수도권과 비수도권을 양분하여 일종의 위계를 설정하는 방향으로 많이 쓰이고 있다. 수도로부터의 거리와 지역이 가지는 힘이 반비례한다고 할 때 지방이라는 언어가 가지는 의미는 철저히 위계에 종속된다.

앞의 절에서 살펴보았듯이, 사람들의 수도권으로의 이동 경향은 더욱 더 커지고 있다. 지방 내에서도 위계가 있어 읍면 지역 또는 중소도시에서 대도시로의 이동 경향 역시 커지는 상황이다. 실제로 통계청 자료에 따르면, 수도권 지역 중 서울과 인천, 경기도의 경우 양의 인구 증가를 보이지만(전입 인구에서 전출 인구를 뺀 수치), 다른 지역의 경우 다른 지방의 경우 감소 추세를 보인다.[7] 지방에서 꾸준히 증가 추세를 보이는 지역은 세종특별자치시 말고는 없었다.

이러한 인구 감소 추세가 계속된다면 어떻게 될까? 먼저, 지역 경제에 활력이 없어지게 될 것이다. 경제의 필수적인 요소는 생산 가능한 노동력과 이것을 뒷받침할 내수(소비)라고 할 수 있다. 이것은 적정 규모의 인구를 토대로 하는데, 계속 인구가 유출되는 지방의 상황에서는 그것이 점점 요원해질 것이다. 집중화로 문제를 겪는 수도권 지역과는 다른 양상의 문제인 것이다.

다음으로, 지방 자체가 소멸할 가능성이 존재한다. 흔히 사람이 얼마 거주하지 않는 촌락 지역에서도 소위 '1면 1교'라는 암묵적 형태의 원칙이 존재한다고 많은 사람들이 알고 있다. 적어도 한 면에 한 개의 학교는 있어서 그 지역의 명맥을 계승해야 한다고 인식하는 것이다. 하지만 지역 교육청의 기준에 따라 적정 규모의 학생 수에 부합하지 않는 경우 최악의 경우 폐교 수순을 밟거나, 그것을 면해도 분교 수준으로 격하될 수 있다. 분교로 격하되는 것은 다른 지역(면)의 학교를 본교로 두고 위성 학교로 운영이 되는 것이다. 이러한 현상은 인구가 급격하게 감소하여 학령인구가 그 지역에 존재하지 않기 때문에 생기는 것이다.

그 결과는 지역 자체의 소멸로 자연스럽게 이어질 것이다. 하지만 아직은 그 시기가 오지 않을 것이다. 베이비부머(1950년대 후반~60년대 생)들이 법적으로 정하는 노년층에 진입하지 않았거나 이제 막 진입하였기 때문이다. 그렇지만 시간이 흘러 이들도 역사 속으로 퇴장하게 된다면, 그 지역을 지키는 것은 잡초가 무성한 폐가와 가끔 나타나는 동물들뿐일 수도 있다. 여러분은 이러한 미래를 상상하면서 과연 정말로 현실화하고 싶으신가? 이러한 문제의 해결 차원에서의 장기적인 관점으로써의 국가균형발전의 목적에 대해 논하고자 한다.

쏠리는 인구를 분산할 국가균형발전

앞에서 이야기하였듯이, 인구의 쏠림 현상은 이전 6~70년대 이래 이촌향도 경향을 이래로 지금도 계속되고 있다. 많은 사람들이 지방에서의 기회의 제한과 삶의 영위의 어려움 등을 이유로 수도권 내지 대도시로 계속 밀물처럼 달려가는 것이다. 그러나 국가균형발전의 과정을 통해 수도권에서 주로 누릴 수 있는 기회를 점차 지방으로 확대하게 될 수 있을 것이다. 초점은 한꺼번에 모든 사회적 기반(인프라)과 문화를 도입하는 것이 아니다. 국가와 지방자치단체, 그리고 지역 주민들의 자발적 참여를 통해 균형발전의 완성 과정을 투명하게 공유 및 성찰하는 것이다.

실질적 평등화의 내용을 구체화하면 다음과 같은 내용으로 분석할 수 있을 것이다. 먼저, 경제적인 관점에서의 균형을 거론할 수 있다. 경제적 관점의 균형의 가장 중요한 요점은 일자리의 확보라고할 수 있다. 세종특별자치시와 전국 각지의 혁신도시의 경우 공적부문의 일자리를 분산시키면서 지방에 일자리를 공급한 형태이다. 이러한 공적 부문의 일자리 확대의 경우 일자리 수혈의 측면에서는 긍정적 영향임은 분명하다.

하지만 공적 부문의 일자리가 양적으로 많지 않다는 점을 고려할필요가 있다. 장기적인 측면에서 지역의 경기 활성화와 인구 정착을 높이려면 대기업 및 중견기업 생산 공장 내지 연구소, 혹은 중소기업의 복합 단지를 유치할 필요가 있다. 이러한 필요성을 충족시키는 것이 국가균형발전 정책의 역할이다. 기업들에게 충분한 인센티브(유인책)를 부여하여 지방 이전의 이점을 부각시켜야 한다. 사실 이러한 유치의 최대 경쟁점은 해외 국가들의 저렴한 노동력이라고 할 수 있다. 이러한 해외 국가들의 장점을 상쇄할 수 있는 유인책이 필요하다. 다양한 정책들이 나올 수 있겠지만, 부지 건설에서의 세금 감면 및 토지 지원 혹은 고강도의 세제 혜택 등도 고려할 수 있을 것이다.

다음으로, 사회적 측면의 균형을 꼽을 수 있다. 사회적 측면의 균형은 사회간접자본(인프라)의 충분한 확보를 통해 거주민의 삶의 질을 향상시키는 것을 대표적으로 꼽을 수 있다. 또한 이 정책의 경우 경제적인 관점과도 연계할 수 있다는 특징이 있다. 그리고 사회적 균형의 또 다른 예시로 수도권 수준의 교육 및 복지 정책의 혁신화를 거론할 수 있다. 물론 지역마다 서로 선도하는 정책들은 다르기 때문에 이것을 수도권이 모든 정책의 시작점이라고 규정하기에는 어려운 점이 있다.

하지만 여론 발생의 양적 측면과 미디어와의 접근성, 그리고 고등교육기관의 많은 입지 등을 고려했을 때 수도권의 교육 및 복지 정책이 앞서있는 것은 주지의 사실이라고 볼 수 있다. 이러한 정책들을 비수도권의 여러 지방들에 이식함으로써 적어도 수도권에 있지 않기 때문에 손해를 보는 상황은 사전에 막을 수 있다. 혹자는 지방들의 잠재력을 고려하여 단순히 수도권을 답습하는 형태가 아니라 지방이 선도하는 형태를 제안할 수도 있다. 그것은 아까 이야기했듯이 국가균형발전 정책의 과정에서 만들어갈 수 있는 부분이라고 할 수 있다. 다시 말하자면, 구성 주체들의 추진 방향과 방법에 따라 충분히 좌우될 수 있는 문제인 것이다.

이외에도, 기타 측면의 균형을 다양하게 생각해볼 수 있다. 대표적으로 생각해볼 수 있는 것이 문화적 측면의 균형이다. 이를테면, 멀티플렉스 영화관이나 오페라 등의 고급 문화를 향유할 수 있는 극장의 수를 비교해보면 이러한 비교는 더욱 명확해진다. 이전에는 낙후된 기초자치단체의 경우 영화를 볼 수 있는 공간조차 없는 곳이 많았다. 하지만 현재 정부 부처(문화체육관광부)의 지원을 받아 작은 영화관 협동조합이 설립되어 전국 각지의 소외된 지역에 소규모 영화관을 설치하고 있다.[8]

영화 부문과 같은 콘텐츠뿐만 아니라 다른 부문에까지도 이러한 문화적인 기회의 확대가 계속되고 또 넓혀져야 한다. 정책 시행 과정에서 필수적인 것은 문화적 소외를 겪는 사람들이 어떠한 수요를 가지고 있는 점이다. 정책의 시행 가능성을 염두에 두고 최대한 여론을 수렴할 수 있어야 할 것이다. 현대 사회가 더 이상은 먹거리의 충족에만 인간의 존재 목적이 있지 않다는 점에서 문화적인 측면을 충분히 고민해야 한다.

이러한 다양한 형태의 균형이 실현되었을 때, 인구 감소는 어떻게 예방이 될 수 있을까? 첫째, 지역의 연속성이 확보될 수 있다. 지역의 연속성이 무너지는 이유는 청년층들이 떠나가고 새로 태어나는 신생아의 수가 감소하기 때문이다. 청년층들이 떠나가는 이유는 양질의 일자리 내지 최소한의 생활 영위를 위한 일자리를 찾기 위해서다. 그러한 일자리가 주로 수도권 내지 대도시에 많이 있기 때문에, 물리적인 출퇴근 거리의 한계를 극복할 수 없어서 이주하는 청년들이 많아질 수밖에 없다.

그리고 자연스럽게 청년들이 떠나면서 지역 내의 출산율은 감소하게 된다. 지방에서 청년들의 인구가 감소하는 이유에 대해서 조금 더 첨언하자면, 낙후된 지역을 떠나 양질의 교육적 접근성과 시회, 문화적 혜택을 향유하기 위함이라고도 볼 수 있다. 앞에서도 이야기했듯이 물리적 인프라뿐만 아니라 문화적 자본까지도 수도권은 압도적인 우세의 모습을 보이고 있다. 국가균형발전 정책은 이러한 다양한 범주의 인프라들을 지방에 이식하여 사람들이 정주할 수 있는 여건을 만들어준다. 멀리까지 이주하고 그곳에서 적응하는 고생을 생략하고 "나의 지역"에서 삶을 꾸려나갈 수 있는 환경이 갖추어지는 것이다.

지역의 연속성이 인구의 관점에서 이어지게 되면 다른 관점에서의 연속성은 계속 이어질 수 있게 된다. 인구의 재생산으로 지역의 학교가 살아날 수 있게 되고, 이것은 역사(전통)와 문화를 존속할 수 있게 하는 토대가 된다. 이러한 역사와 문화는 총체적으로 구성원들에게 정체성을 심어줄 수 있게 된다. 흔히들 정체성을 단순히 애향이나 소속감 등의 차원으로만 치부할 수 있다. 하지만 이를 통해 지역민들은 주변을 둘러싼 지역 문제에 대해 적극적으로 참여하려는 의지를 가질 수 있고, 공동체의 존속 가능성에 대해 계속 모색할 수 있다. 즉, 지역에 '지속 가능성'의 개념을 심어줄 수 있는 것이다.

둘째, 세수의 안정적인 확보가 보다 용이해진다. 국가균형발전의 방향은 기본적으로 처음에는 국가가 비용의 많은 부분을 분담하는 것이 맞다. 하지만 시간이 지날수록 지역이 분담하는 비중을 늘려 지방분권을 결과적으로 실현하는 것이 민주주의의 구조 관점에서 적절하다고 볼 수 있다. 세제 혜택을 통해 기업들에 부과하는 세액에 감면이 있다고 하더라도, 여러 기업체를 지역에 유치한다면 총액은 일정 부분 확보될 수 있을 것이다. 그리고 입주 기업의 근로자 개인에게 부과하는 세액 역시도 지역 재정에 든든한 지원군이 될 수 있다.

확보된 세수는 국가균형발전의 의미를 살리기 위해서는 지역 내외로 선순환할 수 있도록 해야 한다. 지역 내의 선순환은 사회간접자본 구축, 복지 등의 지역 거주민이 혜택을 누릴 수 있는 방편으로 진행되어야 한다. 확실한 것은 단순히 예산 집행을 위한 집행을 지양해야 한다는 것이다. 특히나 지방분권이 심화될수록 한정된 예산에서 집행해야 하는 돈이 많기 때문에 심의와 감사의 과정이 보다 엄밀해져야 한다.

그리고 지역 사회 내의 화폐 순환의 수단으로 주로 거론되는 것이 지역 상품권이나 지역 카드인데, 이것의 적용 범위(지역 내)를 확대하여 해당 지역뿐만 아니라 인근 지역과 연계한 경제 활성화를 도울 수 있어야 한다. 지역 외의 선순환은 들었을 때 모순이라고 생각할 수도 있다. 지역에서 걷은 세수가 지역 밖으로 유출된다는 의미인데 어떻게 그것이 균형발전에 연결이 된다는 것인가?

여기에서 우리는 '연계 발전'의 개념을 생각할 필요가 있다. 지역과 지역 사이에 연계 발전을 추진한다는 것은 자치단체 사이의 공통된 사업 추진 내지 사회간접자본의 건설 등이 있다는 의미이다. 이것을 복지 등의 사회적 정책으로 확대하여 공통된 사업을 고려해볼 수도 있다. 연계 발전을 통해 얻어지는 이익은 특정 지역에 국한되는 것이 아니라 사업 주체인 지역 모두에게로 돌아갈 수 있다. 다만 연계 발전을 추진할 경우 가장 중요한 점은 주체와 이익을 명확히 해야 한다는 점이다. 구체적이지 않은 계획은 오히려 더 높은 비용만 초래할 수 있다.

　지금까지의 논의를 통해 국가균형발전 정책의 결과로서 인구의 분산이 이루어지고, 지역이 소멸 위험에 보다 덜 노출될 수 있다는 것을 살펴보았다. 그리고 지역을 계속 지탱하는 것은 인구의 연속성과 세수 확보를 통한 발전 재원의 마련이다. 이것은 단순히 현재의 시점에서 지역의 자력으로 이루어내기는 힘든 측면이 있다. 지역에 따라 규모가 다르고, 대다수의 기초자치단체들은 스스로 자립할 기반이 많이 부족한 실정이다. 이러한 이유로 국가균형발전에 대한 공감대 확보를 통해 정부 차원에서 정책을 계획적으로 실행할 필요가 있다. 그리고 세수가 장기적으로 충분히 확보되어 지방분권의 기조가 나타날 때 권한을 점진적으로 이양하여 지역 주도, 맞춤형 행정이 일어날 수 있도록 해야 한다. 지방분권이 국가균형발전의 결과에 해당한다는 것이 이것과 맥락을 같이 한다고 볼 수 있는 것이다.

사회간접자본과 지역 활성화의 친밀한 관계

일반적인 통념으로는 도로나 철도, 항만 등의 사회간접자본의 건설은 인구에 의해 좌우가 된다. 조준혁(2013)에 따르면 인구수의 경우 사회간접자본을 공급하기 위한 재정 투입의 이유이다.[9] 우선적으로 인구수를 척도로 사회간접자본의 건설을 결정하는 이유는 초기 투자 비용이 막대하기 때문이다. 막대한 예산이 드는 사업에 충분한 수요가 나지 않아 수익성이 나지 않거나, 공익의 차원에서 기대한 효과가 나지 않는다면 막대한 비용을 감당하게 된다. 그래서 대규모 건설 국책사업에 예비타당성조사가 필요한 이유가 그것이다. 예비타당성조사는 사업의 필요성에 대해 건설이 완료되었을 때 충분한 경제적인 효용을 가져올 수 있는지에 대해 연구하는 내용을 주로 한다.

예비타당성조사는 객관적인 성격을 기본적인 토대로 한다. 기초자료를 바탕으로 여러 안들을 비교 및 분석하여 최종의 안에 대해 수익성과 비용을 평가한다. 정확성과 계획성을 바탕으로 하기 때문에 한 분야만이 단독적으로 사용될 수는 없고, 여러 분야를 교차해서 조사를 이루어낼 수 있다. 예를 들면, 건설공학과 경제학이 조합하여 건설 비용의 기회비용을 따져볼 수 있는 것이다.

하지만 객관적인 접근 이외에도 주관적인 접근 역시 존재한다. 대표적인 것이 해당 공사가 진행될 경우 거주하는 인구가 어떤 편리함을 누릴 수 있게 되는지에 관한 것이 대표적이다. 도로를 건설하였을 때 예상 소요 시간이 단축되어 낙후된 지역 주민들의 교통 접근성(편의성)이 향상되었다는 등의 내용을 예시로 들 수 있다. 예비 타당성 조사에서는 '지역 낙후성' 수치를 이러한 부분에 대하여 반영한다. 그런데 간혹 선거에서 '예비타당성조사 면제(예타 면제로도 줄여서 사용하는 경우가 있다)'를 공약으로 내거는 경우가 있는데, 이것은 수익성(경제성)에 관계없이 주민의 편의성과 복리에 더 큰 강조점을 둔다는 의미이다.

예비타당성조사를 제대로 수행하지 않은 뒤 건설한 민자 도로들이 최소운영수입보장 등의 제도를 통해 국비로 손해를 보조받는 상황을 보면 주관성에 의존하는 것은 너무 큰 위험성을 동반한다고 할 수 있다.[10] 하지만 사회간접자본의 건설 자체에만 초점을 두는 것이 아니라 산업 기반(일자리)과 연계하여 사업을 추진한다면 장기적인 관점에서 인구 재생산의 효과를 불러일으킬 수 있을 것이다.

본론으로 가자면, 사회간접자본 건설의 추진은 지방일수록 일자리 창출의 장(산업 기반)과 연계하여 추진해야 한다. 즉, 사회간접자본이 역으로 지역의 수요를 창출하게 하는 촉매 역할을 하게 될 수 있다. 산업 기반은 지역의 특성에 따라 다른 형태로 특화 단지를 조성하는 것이 유리할 것이다. 이를테면, 농업이 주산업인 지역에서는 농공단지의 입지가 가장 적합할 것이다. 물론 후술하겠지만 농업이 주산업인 지역이라고 하여도 다양한 기능이 통합되는 관점에서 다른 분야의 산업체(단지)가 충분히 입지할 수 있을 것이다.

사회간접자본 건설 효과의 극대화를 논해보았는데, 그렇다면 이 것은 어떻게 지방의 소멸을 막을 수 있을 것인가? 먼저 접근성의 향상이 정착을 이끈다. 수도권 내지 대도시 지역에서 소위 '역세권' 지역이 인기가 있는 이유는 나의 공간에서 다른 공간으로의 접속이 통제가 가능해지기 때문이다. 이동에 대한 제약이 많은 지방이 낙후되어가는 이유는 정착에 대한 불편함으로 인해 선택에서 상당부분 감점이 되기 때문이다. 이것은 개인적 차원의 문제이고, 물류나 산업 등의 경제적 차원으로 가더라도 사회간접자본의 미비는 상당한 감점 요인을 안고 있다.

하지만 이 부분이 해결 내지 개선이 되었을 때, 지역 내외로의 접근성 향상으로 많은 사람들이 조금 더 자유롭게 생활을 영위할 수 있게 된다. 자연스럽게 선택지로서의 감점은 점점 완화되게 된다. 그러나, 인프라의 설치 여부만큼 중요한 것이 이용의 용이성이다. 도로 교통의 경우 자동차전용도로로의 나들목의 위치, 철도 교통의 경우 배차 간격이 이용을 얼마나 쉽고 빠르게 할 수 있는지의 주된 척도이다. 고속도로에 진입하려하는데 나들목이 너무 먼 경우에는 오히려 우회 도로로 가는 경우가 빠를 때가 있다. 그리고 철도 교통의 경우 배차 간격으로 인해 시간을 잘 맞추지 못하면 꽤 오랜 시간을 허비하기 일쑤다. 이러한 부분들의 경우 나중에 바꾸려면 물리적인 한계가 있거나 복잡한 조율 과정이 필요한 것들이다. 결국 중요한 것은 나중에 문제가 발생하기 전에 미리 효율성을 고려하여 계획하는 것이다.

다음으로 사회간접자본은 이동의 순환을 촉진한다. 앞에서 정착의 확대를 이야기하였다면, 여기에서는 유동인구의 증가 가능성에 대한 것이다. 쉽게 말해 길이 험하면 물자와 사람이 잘 돌지 않는다. 하지만 길이 통하면 자연스럽게 돌게 된다. 다른 지역에서 온 유동인구는 자연스럽게 지역 내에서 소비를 하게 된다. 소비의 선순환이 발생하는 것이다. 지역 상권의 성패는 꾸준한 소비에 있다. 꾸준한 소비는 많은 사람들의 구매력에서 나온다(개개의 양보다는 소비의 총량이 중요하다). 이러한 구매력을 이끌 수 있는 것은 일자리나 관광산업 등의 유인인데, 사회간접자본과 결합하여 큰 효과를 낼 수 있다.

일례로, 관광지로 유명한 지역들의 경우 수도권과의 물리적인 거리가 멀지언정, 그것을 연결하는 사회간접자본은 잘 정비되어 있다. 대표적인 관광지인 부산, 전남 여수시, 강원 강릉시 등의 사례를 보면 철도 교통이나 도로 교통으로 타 지역과 연결됨을 알 수 있다. 산업 기반(일자리)이 다수 입지한 지역들의 경우에도 그곳을 다른 지역과 연결하는 교통 시설이 잘 되어 있다는 것이 또한 이를 뒷받침한다. 경기도 안산시, 시흥시를 비롯한 수도권 공업 지역이나 부산, 경남 창원시 등의 영남권 공업지역의 입지를 보면 고속도로 교통이 물류의 중추적인 역할을 수행하고 있는 것을 볼 수 있다. 사회간접자본에 의한 경제의 촉매 효과는 이전까지도 지속되었고, 앞으로도 유효할 가능성이 높다.

사회간접자본은 수요를 토대로 하지만, 산업 기반과 결합할 경우 장기적으로 수요를 촉진할 수 있다. 그리고 이것은 정착과 순환, 두 개의 관점에서 모두 긍정적인 영향을 일으킨다. 초기 투자비용이 많이 든다는 점에서 사회간접자본의 건설은 쉽게 결정할 수 있는 문제가 아니다. 그렇기 때문에 객관적인 자료를 토대로 타당성을 충분히 검토해야 한다. 하지만 그 결정 과정에서 지역의 복리라는 가치를 주관적으로 고려한다면 장기적인 관점에서의 이익을 생각해볼 수 있다. 사회간접자본의 촉매 역할로 인구의 정착과 순환을 통해 국가균형발전의 초석이 형성되기를 기대하는 바다.

03
지역 발전에도
그곳만의 색깔이 있다

　국가균형발전을 추진함에 있어서 산업은 지역의 장기적인 발전을 위한 필수적인 요소라고 할 수 있다. 그렇지만 경제적 이익을 창출해내는 것으로 유명한 산업도 어떤 지역이든 자리를 잡기만 한다고 해서 좋은 성과를 낸다고 볼 수는 없다. 어떤 산업의 경우 항만이나 철도 등의 사회간접자본을 필수적으로 필요로 하는 경우가 있다. 그리고 또 어떤 산업의 경우 계열성이 있는 기간산업과 함께 입지하지 않으면 경제적인 효과를 보지 못하거나, 심지어 손해를 입는 경우도 존재한다. 이번 단락의 핵심 내용이라고 할 수 있는 '지역의 특장점'은 지역이 보유하고 있는 사회간접자본과의 연계 여부도 포괄한다. 그리고 입지한 산업이나 자연적 특성, 또는 문화적 특성까지도 함께 생각해볼 수 있을 것이다.

산업과 관련한 경제 활성화에 있어서 활용할만한 자료는 '전국산업단지 시도별 현황'이 주목할 만하다. 이 자료에서는 17개 광역자치단체의 국가 및 일반산업단지, 도시첨단산업단지, 농공단지의 등록된 정보를 확인할 수 있다. 자료에 대한 검토를 바탕으로 우리는 산업단지의 양적인 확대와 질적인 개선의 차원에서 고민을 해보아야 할 것이다. 단순히 양적으로만 확대를 하였을 때, 미분양이라는 현실적인 이유와 인구의 증가나 지역 경제 활성화가 실질적으로 이루어지지 않는다는 결과도 충분히 발생할 수 있다.

도로망 등과 같은 인프라가 미흡한 지역에 공장을 대단지로 지었을 때 입주 기업이 과연 얼마나 많을지 보다는 적을지를 예상하는 것이 더 쉬울 것이다. 그리고 산업단지는 일종의 산업 기반이라고 할 수 있는데, 이러한 시설은 거주 지역을 만들어내는 좋은 유인이다. 하지만 좋은 유인의 지위에서 멈추게 될 경우 오히려 발전의 동력은 무효하게 된다. 중요한 것은 실제로 거주 지구에 대해 '정책적으로 추진'하는 것이다(가장 대표적인 사례가 택지 조성이다). 방금 이야기한 측면들은 질적인 측면과 관계되는 것들로서, 산업단지의 성패에 있어 필수적인 측면이라고 할 수 있다.

그리고 산업단지 건설의 양적 측면의 비교만으로는 지역 간의 경제적 격차를 설명하기 어렵다. 사실 지역 간의 경제적 격차를 해석하기에 산업단지라는 테마는 상당히 좁을 수 있다. 대도시의 중앙업무지구나 일반 대기업의 대규모 공장은 이 분류에 들어가지 않는 경우가 많다. 기타 산업단지 분류에 들어가지는 않지만 높은 경제적인 성과를 내는 기업들도 많은 지역들에 분포되어 있다. 세종특별자치시와 혁신도시로 대표되는 공적 부문들의 경우에도 이러한 사례에 해당된다고 볼 수 있다. 하지만, 산업단지가 국가균형발전을 설명하는 것에 효과적인 이유는 공공 영역에서 주도를 하여 사적 영역과 협조하여 필요한 정책적 효과를 얻어낼 확률이 높기 때문이다. 사기업이나 대규모 신도시를 건설하는 것보다 쉬운 방편으로 더 많이 추진을 할 수 있다는 장점이 있다.

이번 단락은 크게 두 부분으로 나뉘게 될 것이다. 첫 번째로, 앞서 말한 산업단지에 대한 내용을 심화하여 융합 산업과 클러스터 산업, 그리고 사적 부문의 이동과 관련한 부분까지 논의를 해볼 것이다. 그리고 두 번째로, 지역과 연계한 역사와 문화적 맥락의 콘텐츠를 산업의 차원으로 격상하여 지역 경제의 한 축으로 만드는 것과 관련한 내용을 다룰 것이다. 충청남도 부여군과 공주시의 백제 문화권을 앞세운 관광 산업 등의 사례를 통해 미래 사회의 콘텐츠 산업의 중요성에 대해서도 논해볼 것이다. 국가균형발전의 목적에 관한 논의도 조금 더 지역과 밀착해가고 있다고 생각할 수 있다.

지역을 살릴 다양한 경제적 입지에 관하여

어떠한 지역에 충분한 사회간접자본의 건설을 통한 여건이 마런되었다면, 그 다음으로는 일자리를 창출하고 지역 사회에 경제적 순환을 가져올 수 있는 산업 기반이 입지해야 한다. 그것을 여기에서는 '경제적 입지'라는 말로 포괄적으로 지칭하고자 한다. 경제적 관점에서 지역에 영향을 줄 수 있는 입지라고 풀어서 생각하면 된다. 경제적 입지를 종류별로 분류하여 나눈다면 다음과 같이 접근할 수 있다.

먼저, 중소기업(보통 대기업의 하청 업체가 많다)들을 큰 주력으로 하고 계열성 있는 산업과 관련한 대기업의 생산 공장이 있는 '산업단지'이다. 둘째로, 법적으로 지정된 산업단지와 별개로 입지하는 대기업 내지 중소기업의 본사나 대단위 생산 공장이다. 경기도 평택시에 삼성전자의 대단위 생산 시설이 있는 것, 경기도 이천시와 충청북도 청주시에 하이닉스 생산 시설이 있는 것 등을 예시로 들어볼 수 있을 것이다. 셋째로, 각종 정부 기관이나 공공 기관 및 공기업 등이 입지한 지역을 예로 들 수 있다. 하지만, 이 예시의 경우 사기업들과 비교를 하였을 때 이윤 창출을 통해 지역에 공헌하는 정도가 약하다고 할 수 있다. 그래서 늘 해당 지역의 현안에 대해 제기되는 문제에 산업 기반의 필요성이 꼭 거론된다. 그럼에도 불구하고, 이 지역들에서 공적 부분이나 공기업들은 지역을 존립하게 하는 중요한 시설임에는 틀림이 없다. 그 이상의 활성화를 위해 사적 부문의 적극적인 도입에 대해 이야기가 나오는 것이다.

산업입지법에 따르면[11], 산업단지는 네 가지로 분류를 해볼 수 있다. 첫째, 국가산업단지의 경우 국가적으로 육성이 필요한 기간산업이나 낙후된 지역, 혹은 둘 이상의 광역자치단체가 걸쳐져 있는 곳에 지정이 가능하다. 이 산업단지의 경우 일반산업단지에 비해 수적으로 적고, 규모가 클 가능성이 높다. 지역별로 보면 울산, 경남, 경북, 전남 등의 임해공업지역과(전남의 경우 남동임해공업지역으로 분류되지는 않으나, 여수, 순천, 광양 지역의 공업이 발달한 영향이 크다) 수도권의 생산량이 큰 편이다.[12]

둘째, 일반산업단지는 산업의 지방 분산을 확대하고 지역의 경제를 더 활성화시키는 것에 설립 목적이 있다. 국가균형발전의 목적에 부합하는 단지 조성 목적이라고 볼 수 있다. 일반산업단지의 경우 국가산업단지에 비교하여 수적으로 훨씬 많다. 수적으로는 일반산업단지가 국가산업단지에 비해 14배 가량 많지만, 생산량이 국가산업단지에 못 미친다(국가산업단지가 약 1.25배 정도의 누계 생산액을 갖는다). 이것은 일반산업단지가 산업 규모 측면에 있어서 국가산업단지에 비해 훨씬 작고, 중소기업 위주로 형성되어 있다는 것을 알려주는 증거다.

셋째, 도시첨단산업단지의 경우 첨단산업의 육성을 위한 목적으로 지정된 단지다. 도시첨단산업단지의 경우 경기도 성남시의 판교 테크노밸리나 대구의 신서혁신도시 등을 예시로 들 수 있다. 수적으로는 경기도가 가장 많으며, 다른 광역자치단체들에도 골고루 안배가 되어 있는 상황이다.

마지막으로 농공단지의 경우 농어촌 지역의 소득 증대를 위해 설치한 산업단지이다. 지역 특성상 1차 산업(농업)을 활용한 가공 산업이 많은 편이며, 개개 사업장의 규모나 생산량은 크지 않은 편이다. 하지만 농어촌 경제 활성화 측면에서는 큰 효과를 가져다 줄 수 있는 산업 기반이라고 할 수 있다.

산업단지의 존재 또는 양적인 수는 발전에 대한 변수가 될 수는 있지만, 그것의 척도가 되기에는 무리가 있다. 인구나 소득 등에서 앞서는 광역자치단체가 그보다 수치상 낮은 광역자치단체보다 산업단지의 생산량에서는 밀리는 사례가 존재하기 때문이다. 산업단지는 경제적으로 침체된 지역을 활성화시키는 요법으로서는 구실하지만, 지역의 경제를 월등하게 반등시킬 축으로 기능하는 것에는 한계가 있다.

산업단지를 더 높은 차원의 경제적 입지로 올리기 위해서는 융합 또는 계열화(클러스터)의 노선 중에 하나, 여건이 된다면 두 개의 방법 모두를 택하는 것이 유리하다. 먼저, 융합은 현 시대를 뜨겁게 달구는 화두 중에 단연 돋보인다. 기존의 단일성을 탈피하여 융합을 통해 새로운 성과를 탄생시키는 것이 다양성의 사회에서 우위를 점하는 것과 연결이 된다. 융합 산업 단지는 즉흥적인 호기심에 의해 결정되지 않는다. 융합의 실패 가능성도 고려를 해야 하기 때문에 충분한 계획과 예측 과정이 필요하다.

개별 기업들에서 이것을 수행하기 어려운 측면이 있는 만큼, 정부와 연구기관이 협력하여 융합 단지 조성에 물꼬를 틀어야 한다. 융합 단지의 장점은 어떠한 상상력이든 시도해볼 수 있다는 것에 있다. 또한 계획 및 연구 단계에서는 다양한 상상력이 존재할수록 유리하다. 단지 조성의 주체인 정부는 연구 단계에서 수익성과 예측되는 성과만을 우선적으로 고려하지 말고, 장기적으로 얼마나 존속하고 이익을 줄 수 있는지를 고민해야 할 것이다.

다음으로 클러스터 산업으로도 통칭할 수 있는 계열화의 경우 울산 혹은 여수로 대표되는 계열화된 기간산업을 쉽게 떠올릴 수 있을 것이다. 산업이 계열화될 경우 서로 연관되는 산업의 부분들이 집적되어 보다 쉽게 성과를 낼 수 있다는 장점이 있다. 집적의 효과가 강한 산업이 아니더라도 산업은 기본적으로 연관된 부분(부품으로도 볼 수 있다)들이 쉽게 결합할 수 있는 경우에 효율성을 크게 낼 수 있다. 이는 산업단지 편성에 있어 계열성을 고려하는 것의 중요성을 보여준다고 할 수 있다.

한편, 융합과 계열성을 함께 고려하는 것은 산업단지의 규모를 양적으로 확대하는 것에 그치는 것이 아니다. 융합의 목적을 살릴 수 있는 기업들을 다양하게 배치하고, 또한 계열성을 살리기 위해 관련 기업들의 배치 역시 조성에 고려하는 것이다. 계열성은 집적의 효과 이외에 본래의 성질상 위계의 특징도 가진다. 본청과 하청업체 사이의 원활한 협력과 상생의 문화도 산업단지의 장기적 발전을 위한 풍토 마련이라고 볼 수 있다.

이렇게 융합 단지와 클러스터 단지를 조성하는 것은 산업단지의 경제적 파급 효과를 높이는 효과적인 방안이라고 볼 수 있다. 단지 조성의 경우 공적 부문이 주도적으로 나서서 정책의 성과를 내기 비교적 용이한 부분이라고 할 수 있다. 계획 하에 용지를 분양하여 관련 기업들을 입주시키고 그것을 제한적으로 관리하는 역할만 부여를 받기 때문이다. 하지만 대기업이나 특화 산업으로 주가를 올리는 일부 기업들의 입지의 경우(대기업보다 일반적으로 작은 크기들의) 경제적인 파급이 어떻게 보면 산업단지에 비해 크지만, 공적 부문의 의지로 입지를 결정지을 수 없다.

결국 경제적인 유인책을 사용하여, 최대한 국가균형발전의 차원에서 입지 안배를 추진하는 것이 가장 바람직하다. 정부가 어떤 지방자치단체에 대기업의 생산 시설을 유치하고 싶다면 관련 지방자치단체와 사전 협의 후 세제 혜택이나 기업의 맞춤형 이익을 고려하는 것이 필요하다. 특히 대기업들의 경우 경제적 입지를 선정하는 판단에 자사의 이익을 최우선적으로 고려할 수밖에 없다. 투자 비용을 상쇄할 수 있는 세제 혜택이 동반되어야 한다. 기업의 맞춤형 이익을 고려하는 것은 그 지역에서의 입지가 기업이 원하는 니즈를 어떻게 충족시킬 수 있느냐와 관련이 있다. 이것은 연구, 경제적인 영역뿐만 아니라 정치적인 영역 역시도 함께 고려해볼 수 있는 문제다. 기업의 입지로 인해 다른 정책의 방향도 함께 움직일 수 있기 때문이다. 이러한 시도에 많은 노력과 비용이 들기 때문에 시작 단계에서 쓴맛을 보게 될 수도 있다. 하지만 그러한 노력과 비용을 넘은 이익이 존재한다면 충분히 투자를 할 가치가 있다.

마지막으로 공공기관의 이전을 통한 국가균형발전의 사례를 짧게 논하고자 한다. 세종특별자치시와 10개의 혁신도시들은 모두 공공기관 및 공기업의 이전을 통해 국가의 인구 분산 및 균형 발전을 목표로 탄생하였다. 하지만 지금 현재 세종시 및 혁신도시의 현황은 주변 광역권에서의 인구 유입(이른바 빨대효과라고도 한다)이나 출퇴근족으로 인한 주말의 유령도시화가 빈번한 실정에 있다. 이것은 앞에서 이야기했듯이 공공기관이나 공기업들이 지역을 상징하고 유지시킬 수 있는 존재이지만, 그것 이상으로 지역의 발전을 확대하기에는 역부족이라는 뜻이기도 하다.

이것은 조금 더 경제적인 관점에서도 접근할 필요가 있다. 현재 입주한 공적 부문에 의해 사회간접자본이 어느 정도 형성이 되었다면, 그 다음은 산업 기반을 유치할 차례이다. 공공기관 및 공기업이 지역의 대표적 일자리로서의 단점이 있다면 그것의 혜택을 누리는 지역민들이 제한적이라는 점이다. 그러한 공백을 줄일 수 있는 기회는 산업 기반의 유치에 있다. 가장 큰 효과는 대기업의 유치(본사 혹은 생산공장)에 있고, 그 다음으로 국가산업단지 및 일반산업단지의 조성에서 찾아야 한다.

그리고 세종시와 혁신도시들에 대한 발전 전략을 하나 더 제시하자면, 11개의 각 도시들이 상호작용을 강화할 필요가 있다. 공공 부문은 서로 연결된 전체성을 전제로 한다. 즉, 상호 공조가 필수적이라는 이야기이다. 상호작용의 필요성이 더 우선적으로 필요한 지역들 사이의 접근성(물리적, 혹은 정보 차원의)을 개선하고, 정책적으로 상호작용을 뒷받침할 수 있는 지원을 해야 한다.

지역의 경제를 활성화할 방안에 대해서 경제적 입지를 중심으로 쭉 살펴보았다. 정리하자면, 공적 부문과 민간 사이에서 국가균형발전을 위해 더 주도적인 역할을 해야 하는 곳은 공적 부문이다. 민간 자본의 유치를 위해서 각종 정책적인 유인을 고려하여 추진해야 한다. 많은 고용과 경제적 순환을 이끌어낼 수 있는 산업 기반(대기업 생산 시설 등)을 우선적인 후보로 두고, 국가산업단지와 일반산업단지를 순차적으로 유치할 수 있어야 한다. 도시첨단산업단지나 농공단지의 경우 지역의 해당되는 상황에 맞게 도입할 수 있을 것이다. 이러한 시설들은 지역 경제의 장기적인 버팀목이 되고, 정주 인구를 확보할 수 있는 유인책이 될 것이다. 사회간접자본이 일정 수준 이상으로 건설되었다면, 위의 열거한 산업 기반들을 유치함으로써 국가균형발전의 원동력을 세워야 한다.

콘텐츠가 지역의 활력을 살린다

흔히 역사, 문화적 소재의 경우 지역의 발전과 존속 측면에서 크게 의미가 없다고 생각하는 경우가 많다. 과거의 역사적인 번영을

뒤로한 채 쇠락을 거듭하는 도시들이 많이 존재하기 때문이다. 과거 26만명에 달하는 인구(1965년 기준)의 도시였다가 현재 10만명 이하의 작은 도시로 변모한 경상북도 상주시의 사례가 대표적일 것이다. 상주시의 경우 인구 10만명이 붕괴가 되자 공무원들이 검정 넥타이로 출근하는 등 자체적인 자성의 모습을 보이기도 하였다.[13] 경상도(慶尙道)의 유래가 경주시와 상주시에서 딴 것임을 볼 때 이러한 변화는 더욱 씁쓸하게 다가오기도 한다.

우리는 사회간접자본이나 산업 기반의 부재에서도 지역의 쇠퇴를 논할 수 있지만, 역사 및 문화적 콘텐츠의 개발의 미흡한 점에서도 지역쇠퇴의 원인을 찾아볼 수 있다. 뚜렷한 경제적 유인이 없는 곳이라도 역사와 문화 콘텐츠를 활용한 문화산업(관광을 포괄한다)으로 지역 경제의 큰 축을 확보하고 있는 곳들이 있다. 이것에 다른 방식으로 의미를 부여하자면 굴뚝 없이 연료가 공급된다고 표현할 수도 있을 것이다.

이러한 콘텐츠 산업이 국가균형발전 차원에 있어 더 의미가 있는 이유는, 지역의 차별화된 개성과 강점이 녹아서 나타날 수 있기 때문이다. 사회간접자본과 생산 시설에 의한 부의 형성은 그것이 입지가 됐느냐 마느냐 하는 여부에 의해 결정이 된다. 입지의 결정이 발전의 토대 마련의 시작인 것이다. 그렇지만 콘텐츠에 의한 산업은 그 지역이어야 하는 이유를 확보하고 있기 때문에 발전의 토대를 이미 어느 지역이든 갖추고 있다는 의미가 된다. 관건은 그 콘텐츠의 원천을 어떻게 계발시키느냐에 있다.

가장 일반적인 형태로 콘텐츠를 개발하는 방법은 먼저 역사적 자원을 활용하는 것이다. 옛 국가의 도읍이었던 지역이나 역사적인 문화재가 많은 지역들이 이 점에서 유리하다고 할 수 있다. 유적들을 관광지화하고 출토되는 유물들이 많은 경우 박물관을 따로 운영하여 역사적 가치도 보존하면서 관광 자원을 개발하는 방안이 있다. 앞의 관광지화의 용어는 단순히 울타리를 치고 입장료를 받으며, 주변에 위락 시설들을 대거 유치시킨다는 뜻과는 거리가 멀다. 지방자치단체와 문화재청 차원에서의 철저한 관리는 물론이고, 충분한 홍보 정책을 통해 지속적으로 관광객도 유치하면서 긍정적인 인식도 제고해야 한다. 이에 덧붙여 각종 연구기관(대학 및 연구소)과 연계하여 문화재 등에 대한 학술 연구의 기회를 늘리는 것도 좋은 방안이 될 것이다. 이것은 지방자치단체와 연구기관들의 공동 협력을 통해 가능할 수 있는 계획이다.

앞에서 언급한 것이 문화재 자체에 대한 활용 방안이라면, 전통에 근거하여 새로운 것을 창출해내는 방법도 있다. 역사를 토대로 한 문화 시설이나 테마 파크 등을 개발하여 관광객 유치와 더불어 지역 경제의 새로운 중심지로 만드는 것이다. 이것은 실제로 부여나 경주 등에서 개발 사례가 있기도 하다(백제 문화 단지, 보문 관광 단지). 이러한 시설의 개발은 문화재 자체를 콘텐츠화하는 것과 별개로 또 다른 부가가치를 창출해낼 수 있을 것이다.

다음으로, 지역 축제를 활성화하는 방안이 있다. 지역 축제의 경우 가장 중요한 것이 '주제'다. 주제는 지역의 정체성과 맞닿아 있어야 한다. 보통 지리적 표시제에 의거한 지역의 특산품, 지역의 역사성, 문화적으로 지역에서 강조하는 것이 주제가 된다. 특산품을 주제로 한 축제의 경우 지역 농가 및 상인들이 주축이 되어 지역 경제의 원동력이 될 수 있다는 점이 장점이다. 많은 농가 및 상인들이 자신들의 이해관계와 관련된 지역 축제를 기다리며 경제적인 대목을 노린다.

또한, 특산품을 통한 각인 효과로 지역에 대해 보다 넓게 홍보할 수 있다는 장점이 있다. 상주 곶감 축제, 논산 딸기 축제, 영동 포도 축제 등이 그 예시라고 할 수 있다. 지역의 역사성과 연계한 축제들의 경우 지역 내 문화, 예술계의 참여를 이끌 수 있는 가능성이 크고, 학생들도 함께 즐길 수 있는 주제가 많다는 점에서 소비도 진작시킬 여지가 많다. 일부 축제들의 사례를 보면 '먹고 마시자' 식의 일회성 이벤트로 끝나는 경우가 많은데, 역사성과 연계한 축제들은 교육과 문화라는 이점도 잡을 수 있어서 높게 평가할만하다.

다음으로는 그 지역에서 이전부터 활용해온 문화적 자원을 축제화하여 명맥을 이어가는 경우를 생각해볼 수 있다. 일부 지역에서 열리고 있는 음악 축제나 영화 축제 등이 그 예시라고 볼 수 있다. 이러한 축제들은 회를 거듭하면서 지역의 대표 축제로 거듭나고, 지역 경제 활성화는 물론 문화 발전에까지 기여하는 일거양득의 효과를 이루고 있다. 또한 지금의 SNS로 촘촘하게 연결된 시대에서는, 이러한 지역 축제로 인한 파급 효과가 배로 일어날 것이다. 해시태그를 바탕으로 한 유행의 형성은 이전보다 속도도 빠르고 콘텐츠의 재생산도 기하급수적이다.

마지막으로, 온라인 플랫폼을 통한 지역 마케팅도 하나의 사례가 될 수 있다. 충청북도 충주시의 경우 지방자치단체 차원에서 흥미로운 유튜브 콘텐츠 개발을 통해 긍정적인 호응을 이끌고 있다.[14] 단순한 흥미를 넘어 지역에 대한 홍보 효과를 톡톡히 내고 있는 것이다. 이러한 온라인 플랫폼의 장점은 넓고 빠르게 퍼뜨릴 수 있다는 점이다. 특히 시간이 지날수록 종이 매체보다는 전자 매체를 통해 정보를 얻는 총량이 많아지게 될 가능성이 크다. 그러한 점에서 홍보의 장을 인터넷으로 옮겨 지역에 대해 알리는 것은 장기적으로 높은 효과가 있을 수 있다. 지역에 대한 홍보는 지역에 대한 인식을 개선하고, 관광객을 포함한 유동인구를 늘릴 수 있는 요인이 된다. 이것이 단계적으로 지역 경제에 좋은 영향을 끼치게 되면, 앞에서 이야기한 사회간접자본, 생산 시설, 그리고 정주 여건을 위한 거주 단지 건설 등의 차원까지 나아갈 수 있을 것이다.

콘텐츠는 모든 지역들이 지역의 장점을 찾아낸다면 충분히 발견할 수 있는 것들이다. 다만 그것을 어떻게 콘텐츠화하고, 마케팅 전략을 어떻게 수립하느냐에 따라 성패가 갈리는 것이다. 관광객의 확대를 통해 유동인구를 늘리는 것은 경제의 나비효과를 불러일으킬 수 있다. 처음에는 비록 투자 대비 효과가 미미할 수도 있다. 하지만 꾸준히 콘텐츠를 개선 및 발전시켜 나간다면 긍정적인 결과를 차츰 얻어낼 수 있을 것이다. 또한 지금 이 시대는 문화의 시대라고 할 수 있다. 소프트 파워가 때로는 둔탁한 강철의 산업보다 더 큰 힘을 발휘할 수도 있다. 이러한 문화의 소프트 파워는 콘텐츠를 통해 발휘하게 될 가능성이 높다. 국가균형발전의 차원에서 각 지역들의 콘텐츠를 살리려는 노력을 통해 균형 잡힌 국가의 기틀을 마련할 수 있어야 한다.

II

어떤 원리가
균형을 만드는가?

●

국가균형발전의
개념화

●

• • •

앞 장에서는 국가균형발전의 목적을 집중화의 문제와 균형발전의 긍정적인 결과에 바탕을 둔 효과에 근거하여 다루어보았다. 그리고 방법론의 경우 정책의 차원에서 검토하면서 어떤 구체적인 계획에 의해 국가균형발전이 실현될 수 있을지 생각해보는 시간을 가졌다. 국가균형발전이 단순한 구호에 그치지 않으려면 실제의 상황을 반영한 현실 인식과 정책 시행이 필수적이다. 하지만 1장에서 살펴본 내용들의 경우 시스템의 외형적, 실물의 측면(사회간접자본, 산업 기반, 정주여건 등)을 주로 제안하고 논하였다. 2장에서는 국가균형발전을 통해 개별 지역의 발전 계획을 수립할 때 어떠한 원리에 근거할지에 대한 지침을 제시할 것이다. 아무리 경제적인 유인을 가져오는 시설을 유치한다고 하더라도, 그것을 어떠한 공간적 특성과 그에 따른 상호작용에 따라 배치할지는 깊게 고민해야 할 문제다.

이 장에서 제시할 국가균형발전의 개발 원리는 크게 네 가지다. 구체적인 원리의 이름은 하위의 단락에서 그 명명을 설명하도록 할 것이다. 원리들의 주요 화두에 대해 말하자면, '통합성', '다핵화', '낮은 밀도', '교육'이다. 이 네 가지의 핵심어를 바탕으로 국가균형발전의 구체적인 정책을 읽는 것이다.

먼저 '통합성'의 경우 하나의 국가를 예로 들어 소개를 해보려고 한다. 국가를 구성하는 기능에는 어떤 것이 있을까? 정치, 경제, 사회, 문화 등의 큰 범주와 그 범주의 아래에 있는 하위 범주들로 다양하게 구성될 것이다. 개별 지역도 마찬가지다. 이러한 통합성의 원리에 따라 다양한 기능들이 함께 통합되어 자족의 목표를 달성할 수 있는 지역 모델을 구현해야 한다. 그것은 특정 지역에서 시범적으로만 운영되는 형태가 아닌, 모든 지역에서 동등하게 실현될 수 있어야 한다.

둘째, '다핵화'의 경우 한 지역 내에서 하나의 강력한 중심지가 다른 지역들을 흡수하는 구조가 아닌, 다양한 중심지가 존재하여 자생 공동체를 이룰 수 있는 구조에 대해 이야기하려 한다. 다양한 중심지들은 병렬적으로 존재하여 각자마다의 '힘'을 갖추고 있으며, 또한 다른 주변 지역으로의 파급력을 통해 균형발전을 촘촘히 한다. 그리고 중심지의 의미를 경제적인 의미에 한하는 것이 아니라, 다양한 사회적 기능으로 확대 및 통합할 수 있음에 대해 논할 것이다.

셋째, '낮은 밀도'의 경우 집중화의 폐해들에 대해 극복하고 보다 인간적이며 쾌적한, 그리고 안전한 정주여건을 고민하는 개발의 형태에 대해 생각해볼 것이다. 집중화의 개발 경향은 삶의 질이나 안전함 등의 가치로부터 사람들의 거주 환경을 멀어지게 만들었다. 하지만 낮은 밀도의 개발 원리는 삶의 질을 더 안정적으로 보장할 수 있다. 특히 개인의 자율성과 인권의 가치가 주목받는 이 시대에 특히 필요한 원리라고 할 수 있다.

마지막으로, '교육'과 연관하여 국가균형발전의 원리를 논하려고 한다. 교육이라는 주제는 이 장에 뒤이은 3장과 4장에서도 큰 비중으로 나올 것이며 이 책의 전체 주제와도 연관이 된다. 교육이 어떻게 지역의 존속과 관련이 있으며 어떻게 발전과 연계할 수 있을지 구체적인 예시와 함께 이야기하고자 한다.

이 장에서 제시된 원리들은 국가균형발전이라는 생물과 같은 주제에 있어 완성형이 아니다. 끊임없이 수정이 되고 다른 사람들과의 상호작용을 통해 개선될 수도, 완전히 폐기될 수도 있다. 하지만 이러한 원리들을 지금의 사회적 문제와 연관하여 어떠한 식으로 현실에 적용할지 고민하여 읽는다면 실천의 작은 발걸음을 뗀 것이라 할 수 있다. 또한 그 원리들을 앞 장에서의 구체적인 정책의 측면들과 관련지어 개별 지역의 차원에서 고민하기 바란다.

01
다기능 통합지역
- 지역(권역)별로 기능을 다층화하다

한 지역이 필요한 목적을 수행하는 데 그것을 달성하는 도구를 '기능'이라고 칭하려고 한다. 공공기관의 기능은 '행정', 생산 시설이나 상업 시설의 기능은 '경제', 예술의 기능은 '문화' 등으로 다양하게 나뉠 수 있다. 이것은 큰 틀에서의 대표적인 예시일 뿐, 열거하지 않은 많은 기능들이 또한 존재한다. 균형이 바람직한 형태로 이루어진 지역을 보면 다양한 기능들이 혼재하며 빈틈이 없이 제자리를 지키고 있다. 그렇지만 불균형의 상태를 보여주는 지역의 경우, 이러한 기능들 중 몇 가지가 빠져있거나, 기능들 사이의 조화가 제대로 작동하지 않는 경우를 볼 수 있다.

다기능 통합지역의 경우 국가균형발전의 첫 번째 원리로 명명하려고 한다. 여러 사회적 기능들이 높은 차원의 지역 계층에서만 독점적으로 존재하지 않고, 하위 지역에서도 규모를 조정하여 존재하여야 한다. 기능이 부재한 부분에 대해 도입이 우선적으로 이루어지고, 기능들 사이의 조화를 그 다음의 과제로 실행해야 한다. 낙후된 지역 A를 예시로 들어보겠다. 이 지역에서는 지역의 행정과 공공 서비스를 담당하는 공공기관이 다수 존재한다. 하지만 경제적 기능이 취약하여 상점가의 공실 비율이 높고, 매출 역시 취약하다.

이러한 현상의 결과로 상업 지구에서 슬럼화가 일어나고 있다. 문화 기능의 측면에서는 소규모 지역 예술회관이 입지해있고, 예술인들을 육성하는 문화원이 있다. 이러한 경우 부재한 기능은 경제적 기능으로, 상업 지역의 활성화를 위한 정책을 계획하고 경기 활성화의 차원에서 생산 시설의 입지 등도 고민해볼 수 있다. 경제는 한 가지 요인뿐만 아니라 여러 요인들과 연관되어 상향 내지 하향할 수 있기 때문이다. 경제적 기능의 활성 정책을 도입한 후에도 그것으로 그치는 것이 아니라, 다른 기능(행정, 문화, 교통 등)과도 조화를 이룰 수 있는지를 종합적으로 검토해야 한다. 하나의 기능이 부각될 경우 다른 기능이 제한되거나 제대로 작동하지 않을 수 있기 때문이다.

이 단락은 크게 두 내용으로 나누어 접근하려고 한다. 먼저 다기능 통합지역의 정의를 지역 위계의 차원에서 보다 구체적으로 다루고자 한다. 그리고 피라미드의 형태로 다기능 통합지역이 연쇄적으로 이어져야 한다는 것을 논할 것이다. 다음으로, 다기능 통합지역의 규모와 무관하게 자족 및 자생에 초점을 두고 이루어져야 한다는 것을 강조하였다. 지역 소멸의 주요 원인 중 하나는 소규모 지역에 필수적인 기능이 부재하여 인구가 유출되고, 그에 따라 자족 능력이 없어지는 것이다. 한 지역에(보통 소멸 지역은 면 단위의 지역부터 시작된다) 자족 기능이 완전히 사라지는 징후는 학교가 사라지는 것이다. 더 이상 정주 인구가 남지 않아 경제 논리에 의해 폐교 수순을 밟게 되는 것이다. 이러한 자족 기능이 사라지는 도시에 대해서 '압축도시' 전략을 통해 다양한 기능들을 중심 지역으로 다시 집중하여 낙후 지역에 대한 사회간접자본 건설 등의 사회적 비용들을 낮추어야 한다는 주장도 있다.[15]

압축도시 개념을 설명하자면 사람들이 적게 사는 낙후 지역의 경우 상수도나 전기, 도로 등의 사회간접자본 건설 및 유지비용이 고정적으로 들게 되므로 이 지역을 비운 뒤 중심 지역으로 인구를 통합한다는 의미이다. 하지만 이 이론의 경우 앞에서 이야기한 집중화의 문제를 또 다시 답습할 수 있고, 지역의 역사와 문화와 관련한 연속성을 하나의 정책으로 파괴할 수 있다는 점에서 큰 단점을 가지고 있다. 지역들을 살리기 위해 하향식, 그리고 상향식의 노력 모두를 통해 자족이 가능한 지역 체계를 공고히 구축해야 한다. 이것이 장기적으로도 건강한 국가균형발전 사회를 만드는 길이다.

다양한 사회적 기능들이 균형이 있게 갖추어진 지역을 국가적 차원에서 확대하는 것은 비용이 많이 들고 힘든 일일 수 있다. 하지만 초기의 노력이 들더라도 지역의 소멸을 장기적으로 막고 집중화의 문제를 해소할 수 있다는 점에서 꼭 필요한 관점이라고 볼 수 있다. 작고 소외된 지역이라도 삶의 조건으로 작용하는 기능들을 갖춘 곳으로 육성하여 떠나지 않는 지역으로 만드는 방안을 지금부터 살펴보자.

N차 권역으로 이루어지는 다기능 통합지역

지역들은 인구 규모나 경제 규모 등에 따라 계층적으로 나누어질 수 있다. 일반적으로 서울은 대한민국의 수도로서 지역 계층의 최상 지위를 갖는다. 이것을 이 논의 내에서는 1층위라는 용어로 설정을 하겠다. 그 다음으로 서울 바로 아래에 있는 지위의 도시들은 각지에 분산되어 있는데, 보통 광역시급의 지방의 광역자치단체나 도청 소재지, 또는 단독적인 경제권을 형성할 수 있는 기초자치단체들을 2층위로 분류할 수 있다. 그 다음으로는 이러한 2층위 지역의 주변에 있는 시 단위 혹은 군 단위의 기초자치단체들을 3층위로 분류할 수 있을 것이고(중심 읍은 3층위로 분류될 수 있다), 최하층의 읍면 단위를 4층위로 분류할 수 있을 것이다. 설정에 따라 더 하위 범주까지도 고려할 수 있겠으나, 이 책에서는 4층위까지를 발전의 마지막 고려 대상으로 정할 것이다.

이러한 지역 위계의 형태는 피라미드형 구조 내지 프랙탈 구조로도 해석해볼 수 있다. 위계의 형태 차원에서는 피라미드의 비유를, 위계의 연속 차원에서는 프랙탈의 구조로 비유할 수 있는 것이다. 위계 구조의 정점으로 갈수록 지역의 사회적 기능의 충족도는 높아진다. 서울에 살던 사람이 다른 지역에 살면 많은 불편함을 느낀다는 세간의 말이 이러한 현상을 반영한다고 할 수 있다. 낮은 층위의 지역으로 갈수록 인구와 경제 규모가 감소하는데, 기능 자체가 그것에 맞게 적정화되는 것이 아니라 생략되는 경우가 자주 생긴다. 4층위의 지역으로 갈 경우에는 그러한 기능을 발견하는 것이 더욱 희귀해진다. 낮은 층위의 지역에 거주하는 주민들은 높은 층위의 지역과의 의존성을 강화하여 생활하는 쪽으로 자구책을 찾는 수밖에 없다. 혹은, 높은 층위의 지역으로의 이주가 하나의 이상향이 되어 낮은 층위의 지역의 주민들의 삶의 꿈이 된다. 이러한 현상들의 원인은 결국 지역들에게 필요한 기능들이 부재하기 때문이다.

일반적으로 행정 기능의 경우 4층위의 지역의 경우에도 최소한으로 확보는 된다. 지역을 관할하는 면사무소 등은 어느 읍, 면에도 일반적으로 위치해 있기 때문이다. 보건소의 경우에도 보건지소의 형태로 대부분의 지역에 위치해 있다. 법원이나 세무서 등의 고등 행정 기능의 경우 수요의 문제가 있기 때문에 교통의 개선 등을 이용해 높은 층위의 지역을 가는 방편이 어쩔 수 없이 이루어지게 된다. 하지만 4층위 지역을 비롯하여 3층위 지역까지도 해당될 수 있는 문제는 경제나 교육, 문화의 기능이 부재하는 경우가 많다는 것이다(교통 기능의 경우 사회간접자본의 형태로 분류하여 이 부분에서는 언급하지 않겠다).

경제적 기능의 경우 그 지역의 인구가 최소한으로 필요로 할 수 있는 수준의 정도가 충족되지 않는 경우가 많다. 일반적인 면 단위 지역의 상권은 농업협동조합의 소매 상점이 중심이 되고 다른 영세한 '동네 상점'이 근근이 명맥을 유지하는 경우가 많다. 재래시장이 있는 정도는 규모가 있는 경우이고, 동네 상점조차 보이지 않는 황폐화된 상권도 발견할 수 있다. 자본의 논리 하에서 수요가 극도로 적은 곳에 사람을 모집하여 사업의 개시를 강행하게 할 수는 없다. 하지만, 일반 사업체가 할 수 없는 일이라면 공적 부문에서 주도하여 소규모 사업체를 추진할 수 있을 것이다. 잡화상이 없는 지역에 최소한의 삶의 질이 보장된 생활을 영위하기 위한 '공영 잡화상' 등을 생각해볼 수 있는 것이다. 공영 주차장을 우리가 자연스럽게 보듯이, 다른 분야의 영업장들도 충분히 받아들일 수 있을 것이다.

교육 기능의 경우 현재 그것의 부재가 가장 단적으로 일어나는 것이 소규모 학교 통폐합 문제라고 할 수 있다. '적정 규모'의 학교를 육성한다는 취지 아래에서 학생 규모에 비해 많은 비용이 드는 학교 유지를 포기하고 작은 학교를 없앤 후 하나의 큰 학교로 통합 운영하는 것이 이 문제의 대표적인 기조라고 할 수 있다. 이러한 경향은 현재 인구 절벽을 앞둔 많은 도 단위의 광역자치단체에서 실제로 검토되거나 실행되고 있는 사안이다. 하지만, 일단 학교가 없어진다는 것은 그 지역이 더 이상 인구 재생산의 기능을 하지 못한다는 것을 의미한다. 비유적인 표현으로 학교의 폐교는 그 지역에게 사형 선고를 내리는 것과 다름이 아니다. 지역의 학교가 사라지게 되면 그 지역에 사는 학령기의 아동, 청소년들은 긴 시간을 들여 다른 학교 소재지로 통학을 하거나 급기야 지역을 이주하게 된다. 이러한 현상이 누적되게 되면 그 지역에 남는 것은 노령 인구뿐이다.

문화 기능의 경우 4층위 지역들의 경우 그것을 누리는 것에 상당한 제한이 있는 경우가 많다. 앞에서 말했듯이 군 단위의 지역에서는 영화를 감상할 수 있는 영화관이 오랜 기간 동안 없다가, 작은 영화관 조합을 통해 근래에 비로소 혜택을 누리게 되는 경우가 있었다. 이것도 그나마 규모가 큰 읍 단위에서의 경우이지, 면 단위에서는 결코 누릴 수 없는 혜택이라고 할 수 있다. 수요의 법칙에 의해 엄연한 사업체인 영화관의 입지가 결정되는 것은 타당한 논리이지만, 많은 사람들의 문화에 대한 접근성 측면에서는 상당히 아쉬운 대목이라고 볼 수 있다. '간이 영화관'의 형태로 문화적으로 소외된 지역의 주민들이 문화에 다가갈 수 있게 하는 것은 어떨까? 이것의 첫 시작은 공영의 형태로 이루어질 수 있을 것이고, 주민들과의 협의를 통한 민주적 형태로 계획을 개시할 수도 있을 것이다.

이러한 기능들은 지역 사회와 긴밀히 연결이 되어야 한다. 단순히 지역민들에게 체험 식의 형태로 주어지는 것이 아닌, 생각할 때

누릴 수 있는 그러한 기능 말이다. 이러한 기능이 지역에 상존할 때 정주의 조건은 마련이 되고 지역의 연속성을 강화하는 조건이 된다. 동일한 층위에서 여러 기능들이 누락 없이 존재하고 긴밀히 연결되는 상황은 '지역 기능의 수평적 통합'이라고 명명할 수 있을 것이다. 지역 기능이 수평적으로 통합이 되었을 때 지역의 안정성은 더 높아진다.

그리고 1층위부터 4층위까지의 지역들이 위계적으로 연결되어 있는 만큼, 기능의 낙수 효과와 같이 기능들이 수직적으로 연결되며, 위계에 따른 기능의 차이가 거의 없는 상황을 '지역 기능의 수직적 통합'이라고 명명할 수 있을 것이다. 수직적 차원에서는 지역 주민들의 적극적인, 주체적인 참여가 기능 강화의 주요한 동인이다. 주민들이 스스로 사는 지역에 대해 발전 의지가 없다면 결코 변화가 생길 수 없다. 소위 '풀뿌리 지방자치'의 의미도 이 사례에서 발견해볼 수 있다. 지역의 문제를 실제적으로 해결해가는 과정이기 때문이다. 수직적 차원에서는 상, 하위 층위의 지역들의 적극적인 상호 작용과 교류, 그리고 지원이 필요하다.

상위 층위의 지역에서는 하위 층위 지역들의 자립과 발전의 연속성이 장기적으로 '좋은 이웃'을 만든다는 생각으로 접근해야 한다. 지역들 사이의 문제를 제로섬 게임으로만 본다면 높은 층위의 지역으로의 빨대 효과가 더욱 가속화될 것이고, 이것은 집중화의 문제를 해결하지 못하고 악화시키기만 할 것이다. 그 결과로 상위 층위의 지역이 치뤄야 할 비용이 오히려 더 커질 수도 있다. 새로운 지역 문제들이 발생하게 될 것이고, 이것을 수습해야 하기 때문이다.

다시 내용을 정리하자면, 일반적인 지금의 현상으로는 높은 층위의 지역일수록 지역의 기능들을 더 많이 보유하는 경향이 있다. 하지만 어떤 층위이든 그 규모에 따른 조정 과정이 있을지언정 기능 자체가 누락되거나, 다른 기능들과 연계되지 않는 경우가 없어야 한다. 다기능 통합지역은 지역 구성원들이 인간적 삶을 영위하기 위한 필수불가결적인 조건이다. 그리고 당장의 기능에 대한 초기 투자에 대해 과잉 투자라고 생각할 수도 있지만, 지역의 연속성과 경제 순환, 그리고 지역 거주민들의 삶의 질(인권과도 관계될 수 있다)과 연관하여 생각할 때 장기적으로 충분히 이득이 있다고 할 수 있다. 또한 개별 지역만의 노력이 아니라 다양한 지역들의 협력적 노력을 통해 균형발전이 가능하다는 것을 잊지 말아야 한다.

지역 규모와 무관하게 자족을 이루어내기

앞에서는 지역의 위계와 무관하게 지역 기능들이 누락이 없도록 통합되어야 한다는 관점에 대해 주로 서술하였다. 다양한 기능이 통합된 지역은 구성원들의 삶의 질을 제고하며 지역의 연속성을 강화할 수 있다. 하지만 다양한 기능이 통합되었다 하더라도 지역의 경제를 순환시키는 원동력이 없다면 한계에 봉착할 수 있다.

결국 다양한 기능들을 지탱하는 것도 경제의 영역이기 때문이다.

1장에서 이야기하였듯이 산업 기반(생산 시설)은 지역의 발전에 있어 필수적이다. 필요한 사회간접자본이 건설된 상태라면 어떠한 지방자치단체든 산업 기반의 유치에 적극적인 노력을 보여야 한다. 경제적인 성장을 바탕으로 산업 기반이 지역 주민들을 부양할 수 있으며, 그것이 경제의 선순환을 충분히 가져올 수 있다. 이러한 관점에서, 우리는 다기능 통합지역에 대해 논의를 할 때 경제적 기능으로서의 산업 기반을 필수적으로 고려해야 한다. 그리고 단순한 입지에 그치는 것이 아니라 그것이 어떻게 지역 내에서 자족적 체계를 구축할 수 있는지에 대해서도 고민해보아야 한다.

황기현(2013)에 따르면 자족적 체계는 크게 경제적으로 두 개의 틀로 설명할 수 있다.[16] 첫 번째로 일자리의 자족성이 있다. 이것은 지역의 일터가 지역의 일자리와 연계하는 측면으로 균형발전에 긍정적인 영향력을 준다. 하지만 이 개념이 지역 내에서 닫힌 경제의 '계'를 칭한다고 생각하면 안 된다. 다른 지역의 인력들도 노동력으로 창출되면서 앞서 말한 경제적 순환이 활성화되어야 한다. 둘째로 상업 및 서비스의 자족성이 있다. 이것은 바로 이전의 항에서 주로 '상권'의 측면에서 살펴보았는데 그것이 이 범주에 들어간다고 할 수 있다. 상업과 서비스를 지역 내에서 생산(소매) 및 소비해내지 못한다면 지역의 화폐는 지속적으로 유출될 수밖에 없다. 생산과 서비스의 종류가 다양할수록, 그리고 경쟁의 가능성이 존재할수록 더 건실한 경제적 기반이 형성될 수 있을 것이다.

위의 틀에서 특히 일자리의 자족성의 경우 지역 규모의 크고 작음과는 별개로 그 효과가 나타날 수 있다. 지역 규모가 작더라도 많은 고용을 창출할 수 있는 산업 기반이 입지할 경우 그 지역은 층위를 초월하여 경제적인 영향력을 가질 수 있다. 또한 지역의 규모가 작을 경우 해당 산업 기반이 가지는 지역에의 체감적인 영향력이 훨씬 더 커지기 때문에 이른바 '지역 기업'의 타이틀을 가지고 주민들의 지지를 받을 수 있다. 기업(산업 기반)이 지역 주민들의 높은 지지를 받는 것만큼 기업의 장기적인 이윤 획득에 도움이 되는 것을 찾기 힘들 정도이다.

다기능 통합지역의 원리에서 '자족'의 개념이 강조될 수밖에 없는 이유는 우리 사회에서 소외되어가는 지역들의 공통점이 바로 생산 시설의 부재 내지 부족 현상 때문이다. 상업 및 서비스의 경제 효과는 부차적이며, 주된 경제 효과는 바로 이 생산 시설에서 나온다는 것을 기억해야 한다. 생산 시설의 입지는 보편적으로 경제성의 원리를 따른다. 입지에 있어 기업에게 최선의 이익을 가져다줄 수 있는 공간을 최적의 입지로 삼는 것이 주요 사항이다.

가령 4층위 지역인 B라는 지역이 있다고 가정하자. B지역은 어떠한 기업이 예비 조사 결과 생산 설비의 최적의 입지가 아닌 것으로 결과가 나왔지만, B지역의 발전을 위해서는 이 시설의 건설은 필수적이다. 기업이 손해를 보더라도, B지역은 자족성을 갖추게 되고 많은 경제적인 효과를 기대해볼 수 있다. 이럴 경우 기업에게 손해를 감수하고서라도 경제적 입지를 실행하게 할 수 있는 것인가?

물론 지금 시대에는 불가능한 일이다. 하지만 공적 부문 차원에서의 유인(세제 혜택이나 부지 제공 등)을 제시하여 B지역에 기업이 생산 시설을 건설하게 하는 것에 마중물을 부여할 수 있다. 어느 정도 크기의 생산 시설을 건설하느냐는 여기서 주요 쟁점이 아니다. 중요한 것은 자족 기능을 실현시킬 수 있는 생산 시설의 건립 여부다. 최근 건설되는 신도시들의 경우 자족 도시를 대부분 표방하고 있다. 그러한 방향의 일환으로 교통이 좋은 곳에 산업단지를 조성한 것을 경기도 화성의 동탄신도시의 사례를 통해 발견할 수 있다. 자족의 기능을 통해 경제적 기능이 강화되었을 때, 비로소 다기능 통합지역의 날개가 펴질 수 있다.

그리고 자족 기능의 경우 앞서 말했듯이 다른 지역과의 연계의 방안을 통해 더욱 날개를 펼 수 있다. 연계의 방법으로는 두 가지를 고려할 수 있는데, 첫째, 지역의 위계 체계 하에서 경제적인 상호작용을 늘리는 것이다. 지역들 개개의 관련 산업들이 다른 지역들(상위 또는 하위의)과의 교류를 통해 일종의 안전망을 구축하는 것이다. 가령 2층위 수준의 지역 A의 산업단지에 입지한 기업이 3층위 수준의 지역 B와 거래를 한다면 두 기업 모두 '윈윈 전략'을 구사할 뿐만 아니라 지역의 경제 역시도 연속적인 발전의 토대를 확보할 수 있다. 물론 높은 층위의 지역이 더 큰 기업(소위 원청)이 입지할 가능성이 높지만, 역으로 낮은 층위의 지역에서 더 큰 기업이 입지할 수 있는 상황도 충분히 고려할 수 있다. 이러한 상황에서도 두 지역의 연계성이 나타난다는 것은 부인할 수 없다.

또한 둘째로 앞에서는 지역의 위계 체계의 연결점에서의 교류를 중심으로 이야기하였지만, 연결점 밖에 있는 타 지역과도 충분히 연계할 수 있다. 이를테면 경기도 평택시와 충청남도 당진시는 지리적으로 근접해있지만 사실상 별개의 권역이라고 할 수 있다(이것은 영향을 미치는 현상과 별개의 문제다). 그렇지만 두 지역은 항만을 배후로 산업단지들이 서로 가깝게 입지해있으며, 이것이 연계 발전의 기초가 되고 있다. 이러한 근접성뿐만 아니라, 먼 지역이라도 산업의 인접성이나 사회적인 협약(자매 결연 등)을 통해서도 연계 발전은 충분히 일어날 수 있다.

국가균형발전의 결과가 온전한 지방분권이듯, 다기능 통합지역의 실현 결과는 '정주'로 완성된다. 여러 기능들로 인한 삶의 조건이 충족되고 일자리의 자족성으로 자족 기능이 확보되면 그때부터는 주거를 조성하기 위한 노력이 수반되어야 한다. 일자리와 주거가 충족되게 되면 자연스럽게 거주민들은 삶의 질을 위한 여러 기능들을 필요로 하게 된다. 생활 영위에 있어 이용이 편리한 여러 소매상들과 서비스, 양질의 교육과 문화에 대한 접근성이 거주민들의 수요에의 반응으로 나타나기 시작한다. 즉, 온전한 의미의 다기능 통합지역이 이 대목에서 완성되는 것이다. 하지만 기능의 충족은 거주민들의 구매 여력과 보조를 맞추어야 한다. 묻지마 식으로 경제적 기능이 우후죽순 등장하게 되면 현실적으로 빈 상가의 비율을 지칭하는 '공실률'이 올라갈 뿐이다.

혹자는 자족적 체계를 갖춘 다양한 층위의 지역들을 늘릴 이유가 있느냐고 반문할 수도 있다. 이러한 논지를 관통하는 주된 사고는 '필요한 곳만 집중적으로 개발하여 타 지역을 이곳에 의존하게 만드는 것이 경제적으로 효율적'이라는 것이다. 하지만 국가균형발전의 목표는 집중이 아닌 분산의 방편에서 강한 '부분'들을 키워내는 것이다. 한 지역만 비대해지는 것이 아닌, 많은 중심지(다핵화 균형지역의 개념으로 뒤에서 다룰 것이다)와 작지만 강한 부분들을 길러내는 것이 목표인 것이다. 그리고 또한 효율성의 문제 역시 자족성을 갖춘 다양한 지역들이 저마다의 경제 순환을 통해 상호작용을 하면서 우려를 불식시킬 수 있다.

지금까지 규모와 무관하게 자족적 체계를 갖춘 다양한 지역들의 육성에 대한 논의를 하였다. 규모를 이야기한 것은 가장 낮은 층위의 지역이라도 필수적인 기능을 바탕으로 작지만 강한 지역을 만들어낼 수 있다는 차원이었다. 초기에는 기초적인 인프라의 부재와 인구의 부족, 또는 투자의 난항 등으로 다기능 통합지역을 확대하는 것이 어려울 수 있다. 하지만 열악한 지역들을 개발의 우선순위에서 선순위에 고려를 하여 발전의 촉매를 부여해주어야 한다. 이러한 노력들이 모여 국가균형발전의 그림이 더욱 선명해질 것이다.

02
다핵화 균형지역,
분산에서 답을 찾다

중심지는 한 지역의 행정력과 경제, 문화 등을 하나로 집약하게 한다. 즉, 중심지의 존재로 한 지역을 구성하는 자원과 자본이 모여 큰 힘을 만들어낼 수 있는 것이다. 중심지의 존재 자체는 집중화를 이유로 하여 비판할 여지는 없다. 세포를 예로 들면 핵이 세포의 중추적 역할을 하듯이, 한 지역에서 주도적으로 중추의 역할을 하는 곳은 충분히 존재할 수 있다. 하지만 존재에 대한 의문 차원이 아니라, 중심지가 지나친 영향력으로 지역의 모든 발전의 가능성을 흡수한다면 문제로 인식할 필요가 있다.

중심지에 관한 연구와 이론은 과거부터 많은 결과물들이 축적되어 왔다. 선권수(2009)에 따르면 중심지에 대한 실질적 분석은 다음의 방법들을 통해 분석할 수 있다.[17] 첫째, 밀도의 측면에서 접근할 수 있다. 여기에서 밀도의 개념은 도심 공동화 등의 현상을 비추어 봤을 때 인구라는 요소만을 고려하기에는 어렵다. 건축과 유동인구(정주인구와 배치된다) 등의 사회적 요소의 밀도가 높을수록 중심지에 가깝다고 생각할 수 있다.

둘째, 지대(지가)에 의한 접근도 고려해볼 수 있다. 중심지일수록 지대는 다른 기타 지역에 비해 높은 경향을 보인다. 유동인구가 많이 몰리고 같은 면적에 대한 수요가 훨씬 많기 때문에 지가는 비쌀 수밖에 없다. 그래서 버제스의 동심원 이론에서 나오는 중심업무지구의 경우 우리나라에서의 양상을 보면 용적률이 높은 고층 건물들을 많이 건설함으로써 같은 면적에서 더 많은 수요를 충족시키는 것을 볼 수 있다. 중심지의 스카이라인이 번영의 척도라는 견해도 높은 지대에서 기인하는 고층화 현상을 반영했을 가능성이 높다.

셋째, 토지 이용 형태의 관점에서 접근하는 방법이 있다. 전통적인 중심지 이론인 동심원 이론이나 선형 이론, 그리고 다핵 이론 등이 여기에 포함된다. 동심원 이론에 따르면, 지역을 동심원으로 인식할 때 그 중앙이 중심지이다. 선형 이론에 따르면 교통 시설에 가까울수록 중심지가 될 가능성이 높다. 교통 시설은 많은 유동 인구가 오고 가면서 교통 편의성까지 훌륭하기 때문에 인구가 모여 중심지가 될 요인이 크다. 다핵 이론의 경우 도시가 성장할수록 중심지가 여러 개로 분화한다고 접근한 이론이다. 그리고 같은 업종일수록 모이고, 다른 업종일수록 분산되는 효과에 대해 주장하였다.

중심지에 대한 이러한 이론들은 중심지에 대한 관심이 지속적으로 이루어졌다는 방증이라고 할 수 있다. 또한 중심지 이론의 변천을 시간적 관점에서 보면, 과거에는 공간적인 이유에서 중심지의 입지의 이유를 찾았다면 점차 사회간접자본(교통)이나 경제적 측면에서 접근하는 등 원인이 다양화된 점이다. 그리고 단일한 중심지에서 여러 개의 중심지로 바라보는 것도 변화의 한 양상이라고 볼 수 있다. 중심화에서 탈중심화로 변화하는 것은 일종의 시대적 흐름과도 연관 지어 사고해볼 수 있다. 중심화는 권위가 집중되고 부분보다 전체를 더 크게 보는 관점과 관련이 있다면, 탈중심화의 경우 그 반대로 권위의 분산과 전체를 중시하는 관점과 관련이 있다고 볼 수 있다. 시대의 중심적인 사고는 장기적으로 공간 구조에 반영이 될 수밖에 없다. 앞으로도 점차 여러 개의 중심지가 한 지역에서 혼재하게 될 것이다.

'다핵화 균형지역'은 용어 그대로 다양한 중심지(핵)를 가진 지역 내의 균형을 갖춘 지역들을 지향하고 육성해야 한다는 의미다. 국가균형발전이 전체적인 틀에서의 지역들의 균형을 지향한다면, 다핵화 균형지역은 그 지역 내의 균형 역시도 국가균형발전의 전제 조건이며 중심지를 다양화하여 지역 내 균형을 도모할 수 있다는 관점이다. 이 단락에서는 중심지의 다양화를 통해 인구가 분산되는 낙수효과에 대해 예상해볼 수 있다는 관점에 대해 먼저 접근해볼 것이다. 그 다음으로 이전의 '다기능 통합지역'과 연계하여 사고할 수 있는 대목인데, 중심지의 종류를 다각화하는 방안에 대해 생각해볼 것이다. 어떤 중심지는 행정 중심지, 또 어떤 중심지는 상업 중심지와 같은 식으로 중심지를 다각화하고 또 동일한 기능의 중심지를 다양화 내지 여러 개 만드는 방안도 생각해볼 것이다. 국가균형발전의 실현 방안으로써 중심지를 다양화하는 방안에 대해 고찰해보도록 하자.

낙수 효과를 일으키는 중심지의 다양화

중심지는 기본적으로 많은 자원과 유동인구가 순환한다. 그 과정에서 중심지는 주변 지역에 경제적 파급효과를 줄 수 있다. 중심지는 많은 사람들의 경제적 부양처가 되며 그 인구들의 대부분을 주변에 거주하도록 묶어둔다. 중심지 그 자체는 높은 지대로 인해 많은 사람들이 거주하지 못하지만, 하나의 소규모 권역을 만들어 생활권을 만들어내는 것이다. 중심지의 형성은 앞에서 말했듯이 집중화의 폐해와 별개로 필요한 문제다. 한 지역에서 자원과 인구를 집약하여 이외의 지역에도 영향력을 끼칠 수 있는 공간이 필요하기 때문이다.

국가균형발전에 있어 분산이 아닌 집중의 언어적 특징을 가진 '중심지'를 논하는 것이 어폐가 있다고 생각할 수도 있다. 하지만 중심지 자체가 집중화의 원흉으로 불릴 수 없으며, 오히려 지역

발전의 대안으로 충분히 생각할 수 있다. 일단 어느 한 지역에 중심지가 형성된다는 것은 그 지역이 균형발전의 차원에서 '발전의 공백'을 메운다고 볼 수 있다. 중심지를 시점으로 시가지가 확장되거나 밀도를 강화하여 개발되기 때문이다(이것은 현재의 지역 개발 지향점과는 배치된다). 수도권의 경우 시가지가 빈틈이 없이 이어져 자치단체 사이의 경계를 떠난 개발(연담 도시화)이 이루어지기 때문에 발전의 공백 자체를 논하는 것이 어불성설일 수 있다. 그만큼 지역에서의 중심지의 힘이 거대하다는 것을 충분히 생각해볼 수 있다.

하나의 중심지가 형성되는 과정은 앞에서 이야기하였듯이 자연스러운 과정에 의해 형성되는 것이 일반적이다. 교통이 발달하여 결절점이 생기거나, 경제적으로 많은 인구를 끌 유인이 확보된 곳이 기존의 중심지에 대한 대표적인 상이다. 하지만 이러한 자연스러운 형성 과정은 시간적으로 오랜 기다림이 필요하다는 것이 단점이다. 이러한 과정과 별개로 공적 부문 주도의 인위적인 중심지의 설정은 지역 개발 계획에 의해 충분히 가능하다.

중심지의 설정은 주로 상업 지구의 배치를 통해 시작하고 활성화를 통해 완성한다. 이것은 구 중심지에서도 일반적인 형태고, 새로운 중심지에서도 도입되는 논리이다. '경제적 기능' 중에서도 '상업 지구'가 가지는 힘은 상당히 크다. 새로운 중심지의 대표적인 예는 신도시에서 찾을 수 있는데, 세종특별자치시 행정중심복합도시

2-4 생활권의 경우 상업지구 중심의 설계로 가까운 미래의 중심지화를 기대하고 있다. 하지만 뒤에서도 이야기하겠지만, 중심지의 기능은 결코 제한될 수 없다. 상업지구 중심의 중심지화가 일반적이라고 할지라도, 어떤 지역은 교육 또는 어떤 지역은 행정이나 문화를 중심으로 한 중심지일 수도 있다. 이것은 중심지에서의 기능의 복합화 개념과 관련하여 뒤에서 논의를 이어갈 것이다.

중심지가 발생하는 것은 자연스럽지만, 하나의 중심지를 위주로 지역의 공간 구조를 재편하는 것은 상당히 위험한 선택이다. 그 중심지가 지역의 자원과 인구를 흡수하면서 비대해지더라도, 그 이외의 지역들은 중심지에서 멀어질수록 낙후화가 발생하거나 혹은 인구가 감소할 가능성이 크다. 중심지가 지역 경제를 순환시키는 동력을 가지고 있다면, 이것의 힘은 거리가 멀어질수록 그 효과가 제한적이기 때문이다. 외곽 지역의 택지 개발 등으로 일종의 침상 도시형 주거 지구가 개발되는 경우도 있으나, 생산(상업과 서비스를 포괄한다)의 효과가 없기 때문에 소비의 원천이 제한적인 지역으로 남게 된다. 소비의 원천이 제한적이라는 것은 자체 생산이 없이 주거 기능만이 존재하는 상황을 의미한다.

중심지가 다양화될 때 지역은 발전의 공백을 조금 더 최소화할 수 있다. 즉, 공백의 최소화로 인해 인구가 각 지역들에 확산하게 되는 효과를 얻어낼 수 있다(일종의 인구의 낙수효과). 각각의 중심지를 거점으로 거주지(택지)가 이를 감싸는 식으로 공간 구조가 배치

된다. 중심지는 고용을 창출하여 배후 주거지에 경제적인 버팀목이 되고, 또한 중심지를 통해 배후 주거지의 거주민들은 다양한 기능의 혜택들을 충족시킬 수 있다. 중심지와 배후 주거지들은 또한 교통수단으로 촘촘히 연결되어 있는 모습을 보인다.

참고로 어떠한 지역이 있을 때 버스 노선들의 집결지는 대부분 그 주거 지역의 중심지일 가능성이 높다. 대중교통의 수요에 의한 결과가 바로 이러한 노선인데, 이것은 결코 거짓말을 하지 않는다. 보조금에 의한 '복지형 노선'이 아닌 이상 운수업은 이윤의 논리에 따라갈 수밖에 없다. 이런 형태의 중심지가 여러 개가 존재한다면, 중심지 이외 지역에 촘촘하게 영향력을 줄 수 있게 된다. 중심지와 배후 주거지역의 거리가 멀어질수록 중심지의 영향력은 감소하게 된다. 이럴 경우 중심지의 영향력의 부재를 겪게 되는 지역은 경제 활성화의 측면에서 부정적인 효과를 얻게 된다. 그리고 주민들은 앞서 말했던 중심지가 줄 수 있는 기능의 혜택으로부터 멀어지게 되고, 급기야 지역은 떠나려는 사람의 수가 늘어나기 시작하게 된다. 또한 이른바 '편중된 중심지'가 있을 경우에는 물리적인 한계에 의해 지역 자체가 분리되게 될 가능성도 충분히 존재한다고 김효화(2015)는 말한다.[18]

종래의 중심지에 대한 접근은 위계적인 측면이 강했다. 다핵 이론에서 도시의 시간적 흐름에 따라 발생하는 도심과 부도심은 그러한 사고의 전적인 반영이라고 할 수 있다. 도심은 중요 시설(기업의 본사 등이 해당된다)과 중심 상업지구가 입지하는 지역의 중심지라면, 부도심은 그러한 도심의 역할을 보조하며 '소지역'을 담당하는 작은 중심지라는 인식이 강하였다. 이러한 접근은 하위 중심지가 상위 중심지에 비해 자체 경제력이나 영향력이 확연히 낮다는 단점이 있다.

실제로 소위 부도심들은 소비 기능이 강한 '유흥 중심의 상업 지역'에 그치는 경우가 많다. 하지만 같은 지역 내의 중심지들의 위계를 수평화하여 우위의 균형을 맞춘다면 각 중심지들이 다른 배후 주거지들과 자생적으로 상호작용하는 토대를 마련할 수 있다. 혹자는 지역에 계층이 엄연히 존재하고, 이 논의들에서도 '층위'에 따라 지역을 나누었는데(층위가 지역의 수준이 아님을 강조한다), 중심지의 위계 관계에 대해 고려하지 않는 것은 현실에 동떨어진 것이 아니냐는 의견을 낼 수도 있다. 하지만 같은 층위의 지역 안에서의 중심지들은 최대한 동등한 지위를 갖는 것이 장기적으로 균형발전에 유리하다. 현재 낮은 영향력을 보이는 중심지들에 대해 기능들을 강화 및 다양화하고, 일종의 한 지역을 책임지는 권역으로서 '층위'의 관점에서 바라보아 지역 발전의 주체적 단위로 인식해야 한다. 그 지점에서 중심지를 거점으로 하여 사회간접자본과 산업 기반을 재정립하고, 다기능 통합지역을 지향하는 등의 계획이 가능한 것이다.

같은 층위의 지역 내에서는 중심지들의 차등이 없는 수평적인 구조가 균형발전의 차원에서 필요하지만, 반대로 다른 층위의 지역 사이에서는 상위 층위의 중심지들이(거점이라고도 명명할 수 있다) 하위 층위의 중심지들에 대해 영향력을 행사하며 발전을 지원하는 형태로 상호작용을 하는 것을 고려할 수 있다. 하위 층위의 지역의 중심지들은 상위 지역들을 참고하고 또 지원을 받으며 성장의 동력을 얻을 수 있다. 경제적인 파이는 제로섬 게임의 형태를 띠기 때문에 상위 지역에 의한 낙수 효과가 불가능하다고 보는 관점도 있다.

그러나 중심지의 존립을 상업 지역의 소비자 확보 측면에서만 볼 수는 없고 다른 기능들을 중심으로 한 중심지의 형태도 고려해야 할 것이다(물론 다른 기능이 중심이 되더라도 상업적 기능이 수반하는 것은 필수적이다). 또한 상업적 측면에서 보았을 때, 상위 지역이 하위 지역에 퍼뜨릴 수 있는 대표적인 수단이 '프랜차이즈'의 확장이다. 상위 층위의 지역의 상업적 인프라를 누리기 위해 원거리를 이동했던 인구가 굳이 이동하지 않더라도 근처의 중심지를 이용할 가능성이 높게 생기게 되는 것이다. 물론 상위 층위의 지역에서 하위 층위의 지역으로 프랜차이즈가 이동하는 것에는 '수익성'이라는 요소가 중요하기 때문에 수요가 충족되지 않는 곳에까지 점포가 들어오는 등 자본이 들어가는 상황은 설정하기 어려울 수 있다. 하지만 수요의 충족을 균형발전의 결과라고 생각하면 일련의 개발 정책들이 실행되었을 때 그것의 실현된 상에 대해 생각해볼 수 있을 것이다.

상위 중심지와 하위 중심지들의 수직적이면서 상호 연계적인 발전 양상에 대해 살펴보았는데, 그렇다면 최상위와 최하위의 중심지들은 각각 어떠한 방편으로 지원을 주고 받을 수 있을까? 우선, 최상위에 입지한 중심지의 경우 그 자체가 이미 영향을 일방적으로 주는 입장에 있다. 하위 중심지로부터 영향을 받더라도 그것은 주는 것에 비하면 미미할 가능성이 크다. 그렇기 때문에 중심지의 최상 계층의 지위에 있는 지역은 국가로부터의 특별 지원과 관리가 필요하다. 국가가 그 중심지의 경쟁력을 위해 자율권을 보장하면서 지원을 적극적으로 하는 것이다. 최상위 중심지가 무엇이냐에 관한 논의는 시대적, 경기의 상황에 따라 달라질 수 있다.

하지만 중심지가 몇 개월이나 몇 년 단위로 바로 지위가 바뀌지는 않는다. 축적된 경쟁력과 입소문이 중심지의 지위를 공고화하기 때문이다. 이러한 이유로 기간을 충분히 정해두고 국가 차원에서의 이러한 중심지 지원이 필요하다. 한편, 최하위의 중심지(주로 면 단위에서 설정될 가능성이 높다)의 경우 '마을' 그리고 '공동체'와 연계하여 중심지를 내실있게 가꿀 수 있다. 중심지를 이루는 것은 사람이고, 4층위의 지역의 경우 소규모의 읍, 면 단위로 사람들이 함께 마을 단위로 공존할 수 있는 여건이 된다. 마을 활성화는 프로그램을 통한 방법이나 지역의 '교육 기관'과 연계한 방안들을 함께 이용할 수 있다. 마을에 대한 구호가 공허하게 끝나지 않도록 중심지가 마을이 활동할 수 있는 장을 마련해야 한다.

중심지가 다양화되고 여러 개가 소재할수록 발전의 사각지대는 줄어들게 된다. 하나의 중심지가 놓치게 되는 지역은 낙후된 지역을 만들지만, 여러 개의 중심지가 만들어내는 발전의 '집합'들은 발전의 낙수효과를 선사한다. 그 발전은 인구의 관점뿐만 아니라 경제적 관점에까지도 확장되는 개념이다. 앞서 말했듯이 중심지는 같은 층위 내에서는 수평의 구조로서 상호작용의 관계를 형성하지만, 다른 층위의 중심지 간에도 수직적으로 상호작용이 가능하다. 또한 중심지가 배후 주거지역에 확장시키는 발전의 효과뿐 아니라, 상위 중심지가 하위 중심지에 주는 발전의 효과도 생각해볼 수 있을 것이다. 중심지가 다양화되는 것은 결코 개별 중심지의 경쟁력을 감소시키는 것이 아니다. 작을 수도 있지만 강한 다수의 중심지를 길러내어 발전의 공백을 줄이는 길이다.

중심지의 구성에 관하여
- 여러 기능들과의 콜라보레이션

중심지는 기본적으로 많은 자본이 순환하는 경제적 입지라고 할 수 있다. 그렇기 때문에 중심지의 층위나 규모와 상관없이 상업 자본이 중심지의 주된 힘이 된다. 상업 자본은 유동인구를 만들어 내면서 돈이 순환할 수 있도록 한다. 그리고 중심지의 쇠퇴 여부를 가늠하는 척도도 상업 자본이 얼마나 활성화되었느냐에 따라 갈린다. 공실이나 폐업의 비율이 어느 정도냐에 따라 그 중심지의 명암은 갈린다. 대형 상업 시설(백화점 혹은 마트)의 철수는 불경기의 결과이기도 하지만, 중심지의 더 깊은 쇠락을 초래하는 방아쇠가 되기도 한다.

개별 중심지들은 자연스럽게 형성되기도 하지만, 계획적인 요소를 고려할 수도 있다. 보통 상업과 산업을 공간적으로 분리하면서 둘의 연결을 생각하지 않는 경우가 많다. 여기서 지칭하는 산업은 주로 제조업으로 대표되는 '공업'과 같은 산업 기반을 의미한다. 산업단지들은 보통 지역에서 경제를 위해 꼭 필요하지만, 나의 주거지 옆에는 두고 싶지 않은 기피 시설로 분류되기 일쑤다. 그래서 산업단지가 중심지에서 멀리 떨어져 입지하고, 출근할 때만 방문하는 섬과 같은 형태인 곳이 많다. 이러한 지리적 배치를 지양하고, 국가균형발전 정책의 일환으로 새로운 중심지 살리기 사업에서 상업과 산업을 연계한 모델을 계획하여 만들어내야 한다.

중심지와 산업 기반의 거리는 서로를 침해하지 않는 선에서 최소화하고, 경제적인 상호작용이 일어날 수 있도록 해야 한다. 일반적으로 산업단지 내부에서는 상업용지가 제한적이기 때문에, 근접한 지역에서 중심지가 있다면 충분한 경제적인 효과를 기대할 수 있을 것이다. 근로자들이 퇴근한 후에 소비를 함으로써 중심지 권역 자체에서 나오는 소비와 합쳐져 많은 자본이 순환할 수 있다. 비유하자면, 중심지의 배후 주거지역에 사는 주민들은 쇼핑과 외식을 하러 중심지에 오고, 산업단지의 근로자들 역시 소비 활동을 하러(회식 등) 중심지에 오는 것이다.

　그렇다면 이러한 중심지의 계획적인 개발은 어떤 상황에서 현실적으로 가능할 것인가? 기존의 이미 개발이 완료된 지역에 대해서는 사실 계획이 힘든 측면이 크다. 이미 중심지 주위로 개발이 완료된 상태라 재개발 또는 재건축의 형태로 추진을 할 수밖에 없다. 재개발이나 재건축의 경우 결과에 따른 수익성을 고려해야 하기 때문에 더욱 계획이 조심스럽기도 하다. 이러한 지역의 경우 사회간접자본의 효과를 염두에 둔 계획을 생각해볼 수 있는데, 이것은 뒤에서 다루려고 한다.

　상업과 산업이 결합된 형태의 중심지를 개발하기에 가장 최적의 입지는 미약한 상권이 형성되어 있으면서 중간에 산업단지의 입지가 가능한 공지(空地)가 있는 지역이다. 지방 면 단위의 지역이나 인구 유출이 가속화된 읍 단위의 지역이 예시라고 할 수 있다. 열거한 지역들의 경우 중심지의 가장 기본이 되는 단위로(4층위 지역), 이러한 지역들의 중심지가 재생될 경우 인구 소멸이 둔화되고 균형발전의 기초가 더 강화될 수 있다. 가장 현실적인 문제는 재원의 투입에 있다. 중심지 개발 계획에도 예비타당성조사와 같은 결과 예측을 통해 효과가 클 곳을 우선적으로 선정하여 개발에 착수해야 한다.

　그리고 인구 밀도가 낮은 지역일수록 하나의 중심지가 가지는 영향력은 더 커진다. 지역의 작은 촌락 지역들이 지속적으로 축소되는 이유는 중심지의 영향력이 제대로 미치지 못하기 때문도 있다. 수요자, 소비자로서 누리는 것이나, 생산자나 판매자로서 이윤을 취하는 것 모두 지역 자체에서 해결이 되지 못하니 다른 지역에의 의존성은 커지고 이것은 중심지의 약화를 더 심화시킨다. 이러한 지역들에서 일어날 '중심지 재생 사업'은 큰 효과를 볼 수 있을 것이다. 그래서 지방자치단체들은 산업 기반들의 입지를 기업들이 지대만을 고려하여 먼 땅만을 찾게 할 것이 아니라 장기적인 투자의 개념으로 생각하여 중심지 지역에 연계하여 개발할 수 있도록 지원을 아끼지 말아야 한다.

이러한 계획은 지방자치단체 단독적으로 실행하기는 어려운 측면이 많다. 정부 부처와 유관 기관들의 정책에 대한 협력이 필수적이다. 국가균형발전이 다가오는 시대의 화두이니만큼, 작은 지역 살리기(특히 4층위 지역들)를 중요한 과제로 인식해야 한다. 바로 앞에서 높은 층위의 지역에 의한 낙수 효과를 이야기했는데, 역으로 낮은 층위의 지역에 의한 아래로부터의 탄탄한 기초가 가져올 수 있는 효과도 생각해볼 수 있다.

지역별로 그렇다면 어떠한 산업을 유치하여 중심지와 결합시키는 것이 유리할까? 가장 확실한 것은 먼저, 고용이 창출될 수 있는 산업이어야 한다. 산업은 중심지에 지속적으로 수요를 제공하여 중심지의 경제적인 존립을 유지시켜야 한다. 상주인원이 얼마 없지만 사회나 경제 발전에 있어 꼭 필요한 산업 기반도 분명 존재한다. 예를 들면 IT 기업의 데이터 센터 같은 경우가 그렇다. 이 시설의 경우 일부 연구 인원이나 시설 유지 인력을 제외하고는 실제 상주 근로자는 얼마 되지 않는다. 이러한 산업의 입지가 손해라는 것보다는, 중심지에 더 큰 수요를 가져다줄 수 있는 산업을 우선적으로 배치해야 한다는 의미다.

다음으로 지역의 특성을 살릴 수 있는 산업을 육성해야 한다. 촌락 지역에 농공단지가 입지한 것이 자연스러운 지리적 환경을 반영한 것이듯이, 그 지역에 맞는 산업을 집적시키는 것이 효율적이다. 자연적 환경만이 이것에 영향을 주는 것은 아니다. 예를 들면, 충북 청주시 오송읍 같은 경우에는 국가 차원에서 '생명과학' 분야의 산업단지를 조성하였다. 2020년을 기준으로 약 150개 가량의 생명과학 분야 유관 기업들이 입주해있다.[19] 오송읍의 자연적 환경과는 별개로 '바이오'라는 강점을 살린 지역의 특색 사업에 맞춘 대표적인 개발 사례라고 할 수 있다. 이러한 지역형 산업들은 중심지와 결합하여 '장기적'으로 지역에 남아 발전의 축을 담당할 수 있다는 특징이 있다.

그런데 충분한 수요를 이끌 수 있지만 앞에서 말한 것과 같이 기피 시설로 분류되는 산업들의 경우에는 어쩔 수 없이 중심지와 떨어져 입지할 수밖에 없다. 이럴 경우에 가장 확실한 대안은 사회간접자본의 확충(도로)을 통해 접근성을 높이는 것이다. 이것은 단순히 도로 부설 차원에 그치는 것이 아니라, 대중교통 노선의 활성화 등을 통해 교류를 진작하는 방안을 고려할 수 있다. 그리고 이러한 교통 편의성이 확보가 되었을 때, 중심지를 받쳐줄 배후 주거지역을 형성시키는 단계가 필요하다. 큰 규모에 집착할 필요는 없다. 개발에는 '비례'가 필요하다. 100의 영향력을 갖는 중심지가 있다면, 그것에 상응하는 주거 지역이 형성될 것이다. 또한 50의 영향력을 갖는 중심지가 있다면, 100의 영향력을 갖는 주거 지역보다 작은 규모로 형성되게 될 것이다. 이렇게 주거지역까지 형성되게 되면, 자연스럽게 중심지는 동력을 얻게 되고 새로운 시작점에서 다시 발전의 방향을 모색해볼 수 있다.

중심지와 다른 지역의 기능들(산업, 주거지역, 기타 기능들)을 잇는 사회간접자본은 어떤 식으로 개발할 수 있을까? 낮은 층위의 지역으로 갈수록 도로에 대한 의존도가 높아진다. 잘 정비된 4차선 이상의 도로로도 높은 속도의 원활한 교통이 가능하다. 이러한 도로의 건설을 통해 산업과 상업지역 사이의 이동 시간을 단축한다. 전철이나 경전철 등의 철도 교통은 수요의 진입 장벽이 너무 높다. 이러한 교통들의 경우에는 수요를 약속할 수 있는 대도시나 그에 준하는 지역들에서나 가능하다.

그리고 충분한 수요를 담보하지 못한 상태로 건설할 경우 감당해야 할 대가가 너무 크기도 하다. 민자 건설의 경우 높은 이용료와 지방자치단체의 보조금으로 겨우 버티게 된다. 중심지 주변이 공간적 여유가 있는 곳들의 경우 사회간접자본의 건설이 어렵지 않지만, 이미 소위 '원도심' 지역에 자리잡은 중심지들의 경우 도로의 확장 및 건설이 쉽지 않은 측면이 있다. 이미 지대가 높게 형성되어 토지 보상 문제 등이 불거져 나오기 쉽기 때문이다. 원도심 재생의 어려운 지점이 바로 이 부분이다.

중심지를 살리기 위한 정책을 펼치려면 단순히 도로를 부설하는 것만을 고려하지는 않는다. 도로 등의 부설을 통해 중심지를 활성화시키려고 할 때 이러한 토지 보상 등이 장애물이라면, 이것을 포기하지 않고 제한적 재개발을 통해 중심지의 인프라를 개선하는 것이 더 효과적이다. 이러한 방안이 강구되는 지역은 이미 슬럼화가 되었을 가능성이 크다. 그러한 슬럼화를 보다 지연 내지 개선하기 위해서는 전면 재개발이 힘들더라도 부분적인 재개발을 통해 여건을 개선해야 한다. 단, 여기서 말하는 사회간접자본과 함께하는 재개발은 꼭 주택을 건설하는 것을 의미하지는 않는다. 그 정리된 공간 자체가 도로의 일부가 될 수도 있다.

중심지의 구성은 앞에서 서술한 것과 같이 상업과 산업이 서로 공존하면서 상호작용하는 형태로 나아가야 한다. 산업의 특성 혹은 기존 개발의 현황 때문에 중심지에서의 산업의 가까운 입지가 불가능하다면 사회간접자본의 건설을 통해 그 거리감을 최소화해야 한다. 산업 시설의 수요가 중심지에 잘 전달되는 것이 경제 활성화의 시작이자 쭉 이어질 신호다.

그리고 또한 산업의 종류를 선정하여 집중적으로 개발할 수 있다면, 자연적 환경을 고려하는 것과 더불어 지역의 특징을 살린 산업의 입지가 중요할 것이다. 중심지가 살아나는 것에는 그 중심지의 기능들의 구성이 중요하다. 앞에서 살펴본 '다기능 통합지역'의 개념과도 연계하여 볼 수 있다. 작지만 강한 중심지들을 많이 만들어 국가균형발전의 토대를 이룰 수 있게 해야 한다.

03
저밀도 확장지역,
삶의 질과 균형을 모두 잡다

'저밀도 개발', 인구가 밀집된 닭장과도 같은 지역에서는 쉽사리 상상할 수 없는 개념이다. '같은 공간에 더 많은 가구를 밀어 넣는다면 더 큰 이익을 실현할 수 있는데 저밀도라니?'라는 생각까지 나올 수 있다. 실제로 수도권을 비롯한 대도시들의 재개발 현장에서 '고밀도 개발'의 대표적인 예들을 볼 수 있다. 이익 실현을 극대화하기 위하여 용적률을 끌어올려 주택을 올린다. 하지만 이런 환경은 만성적인 교통 체증과 높은 밀도의 학급(학교 자체가 너무 커져 제2의 학교 건설을 추진하게 된다), 지나치게 세대수를 늘림으로 인한 '닭장'을 연상케 하는 세대 간 거리가 표면적인 문제로 부각될 수 있다. 이러한 과도 집중 현상은 지금은 건축물의 연식이 오래되지 않았기 때문에 드러나지 않더라도, 시간의 흐름에 따라 '슬럼화'의 형태로 나타날 수 있다.

또한 이러한 고밀도형 개발의 문제는 해당 지역과 타 지역의 격차를 벌릴 수 있다는 점에 있다. 앞에서 이야기한 시간의 흐름에 따른 슬럼화 경향과 별개로, 일단 새롭게 형성되는 고밀도 개발의 경우 많은 자본이 투입되기 때문에 소지역(아파트 단지나 1~2개 단위의 행정동 정도의 규모를 지칭한다)의 경제적 위상을 보여준다고 할 수 있다. 자연스럽게 그 외부의 지역들은 고밀도 개발 지역과 비교가 되며 경제적인 이익이나 입지 측면에서 불리한 입장에 놓이게 된다. 이것을 단순히 대도시의 일부 지역의 차원이 아닌, 국가의 차원으로 바꾸어 본다면 수도권과 비수도권, 그리고 대도시와 중소도시 및 촌락의 대립 관계로 치환해볼 수 있다. 즉, 개발을 한정된 자원을 바탕으로 한 일부분의 제로섬 게임이라고 한다면, 한쪽이 고밀도로 개발을 하게 된다면 다른 쪽은 그만큼의 경제적 가치를 잃게 되는 것이다.

이렇게 삶의 질의 측면과 균형 발전의 측면(주로 경제적인 관점)에서 본다면 일반적인 개발의 형태의 패러다임을 바꿀 시점이다. 고밀도 개발이 지금까지 경제적인 이익 관점에서 각광을 받아왔다면, 보다 밀도를 낮추어서 삶의 질을 높이고, 대신 시가지(혹은 주거지)를 저밀도 개발을 통해 확장하여 소위 발전의 공백을 최소화할 수 있어야 한다. 이 단락에서는 앞으로의 국가균형발전의 개발 패러다임이 '저밀도 확장지역'의 기조를 따라가야 한다고 논의를 하고 있다. 밀도를 낮추고 시가지를 넓혀서 사람다운 삶의 영역을 더 확대하고 사회적인 자본의 순환 여지를 보다 넓히는 것이다.

이러한 개발에도 분명 명이 있듯이 암도 있다. 기존의 개발 지역을 조정하는 문제가 힘든 점이나, 밀도를 낮추어서 '연담화(지역과 지역 사이의 개발이 연속되어 구분이 이루어지지 않게 되는 현상)'를 이루면서 저밀도 개발을 하는 것의 효과성 여부 등이 대표적인 예시라고 할 수 있을 것이다. 하지만 이러한 문제들은 정책의 시행 과정에서 방법적인 차원으로 해결책을 모색해볼 수 있는 문제다. 뒤이어 이어지는 논의들을 통해 '저밀도 확장지역'에 대해 깊이 있게 고찰해보도록 하자.

저밀도로 분산하기, 새로운 시대의 패러다임

2020년은 여러모로 많은 점들로 기록될 해이다. 여러 사건들 중에서도 단연 첫 번째로 꼽을 수 있는 사건은 바로 코로나19 바이러스 감염증(이하 코로나19)이다. 코로나19의 경우 감염력과 치사율의 균형 관계를 파괴하고(질병이 한 쪽이 높으면 한 쪽이 낮은 식으로 발현이 되는 성질) 감염력, 치사율이 둘 다 모두 높은 기이한 형태로 우리의 삶을 잠식하였다. 코로나19 이후의 세계는 많은 점들이 바뀔 것으로 기대가 되고 있다. 언택트 산업이나 드론, 원격 시스템에 대한 조명은 이러한 변화에 대해 부응하는 하나의 흐름이다. 코로나19의 강력한 전염 양상에는 많은 사회적인 영향이 있었지만, 그 중 주목할 만한 것은 '집중화 경향'이라고 할 수 있다.

2021년 2월 기준으로 코로나19 확진 지도를 살펴보면, X자 형태로 감염자 수가 형성되고 있다. X자의 왼쪽 획은(서울-부산 라인) 감염자수가 많은 반면에 오른쪽 획은(전남-강원 라인) 감염자수가 상대적으로 적다.[20] 이 자료는 인구밀도가 높은 경부축의 감염자수는 높은 반면에 인구밀도가 낮은 강호축(강원-호남축)의 경우 감염자수가 적은 것으로 비교를 할 수 있게 한다.

코로나19의 경우 집중화의 폐해를 보여주는 대표적인 예시였다. 사람들이 많이 몰리는 곳에서 침이나 공기 중의 전파를 통해 무섭게 확산되는 식으로 전염병은 위세를 떨쳤다. 군중이 몰리는 종교시설, 방문 판매업, 유흥 시설, 식당 등을 통해 빠르게 전파가 되었고, 여러 차례의 '거리두기' 운동을 통해 전염을 지연시키려는 노력이 계속 일어났다. 사실 개인의 노력이나 정부 혹은 지방자치단체 차원의 노력이 결합되더라도, 집중화로 인한 사람들의 밀집은 어찌할 수 없는 문제다. 몰려있는 것(고밀도 분포)은 결국 현상 그 자체이기 때문이다. 하나의 큰 밀집시설보다 여러 개의 분산된 시설에서 이러한 전염병의 창궐 확률은 더 낮다. 흔히 투자에서 이야기하는 달걀 바구니를 나누는 비유와 맥락이 통할 것이다. 이러한 코로나19를 계기로 밀도를 낮추는 개발에 대한 관심이 시작되고, 이것은 곧 국가균형발전에 대한 조명으로 향하게 된다. 코로나19뿐만 아니라 다른 집중화로 초래되는 문제들을 해결하는 것에도 그에 상응하는 대책이 필요한데, 나는 '저밀도 확장지역'의 개발을 대안으로 제시하고자 한다.

저밀도 확장지역은 기본적으로 인구 밀도를 낮추는 것에서 시작을 한다. 뒤에 이어지는 '확장'의 개념은 밀도를 낮춘 대신 시가지를 확장하여 개발의 연속성을 확보하고 소외 지역을 줄이는 것으로 나아가는 것에 있다. 차례대로 이야기를 하자면, 먼저 밀도를 낮추는 것은 현재 주택 시장의 경향인 높은 용적률을 낮추어 닭장과 같은 공동주택을 지양하는 것이 첫 번째 방안이다. 만성적인 교통 체증이나 주차 문제, 사생활 문제(동 사이의 거리가 지나치게 짧을 경우 주로 발생한다), 조망권과 채광 문제, 과밀 학급(교)의 문제가 대표적인 사례이다.

또한 고밀도 공동 주택의 경우 장기적으로 개발의 불균등을 초래하여 나쁜 결과를 나오게 한다. 이와 반대로 저밀도 주택의 경우(자연스럽게 층수도 낮아질 것이다) 기본적으로 같은 면적에서 훨씬 적은 인구가 거주하기 때문에 주거의 쾌적성이 더 올라가게 된다. 같은 서비스를 이용함에 더 많은 기회가 올 수 있다는 점에서 충분히 착안을 할 수 있다. 그리고 위에서 열거한 고밀도 주택의 문제들을 긍정적인 방향으로 비튼 것이 이러한 저밀도 주택의 특징이 될 것이다.

그리고 저밀도 개발의 특징은 인구 밀도의 확대를 통한 이익보다는 밀도 자체를 낮추는 것에 있기 때문에 충분한 녹지의 확보가 가능하다. 최근 주목받는 도심 녹지 공간이나 도시 농업의 공간도 저밀도 개발에서 충분히 가능한 일이다. 또한 녹지가 충분히 확보될 때 미세먼지 등으로 점점 심화되고 있는 대기 오염 문제에 보다 적극적으로 대응할 수 있다. 실제로 서울특별시의 경우 녹지 형성 비율이 높은 자치구에 비해 낮은 자치구가 초미세먼지의 수준(PM 2.5)이 훨씬 높은 것을 확인하는 연구가 있었다.[21] 흔히 세간에서는 녹지를 통한 조망권과 휴식권을 기초로 보유한 부동산의 가치 증식에 더 큰 방점을 두고는 한다. 하지만 이것보다 더 중요한 것은 녹지를 통한 삶의 질의 향상이다. 향상된 삶의 가치는 장기적으로 '살고 싶은' 지역을 만드는 계기가 될 것이다.

저밀도 분산지역에서의 도로는 쾌적성과 교통 흐름의 원활성이라는 두 가지 축을 통해 접근을 해야 한다. 인구가 밀집된 지역 중 단독 주택이나 빌라, 다세대 주택 등이 밀집한 지역들의 경우 여러 좁은 도로에 주차된 차들 때문에 2차선 도로가 일방통행처럼 된 경우를 보는 것도 다반사다. 이러한 문제는 불법 주차에 대한 단속의 미비 같은 행정적인 문제도 있지만, 지역에 주차 공간 자체가 절대적으로 부족한 문제가 크다고 볼 수 있다. 동맥경화에 걸린 것 같은 도로들의 맥을 풀리게 하기 위해서는 차량들을 수용할 수 있는 주차장을 보다 많이 증설해야 한다. 주차장의 운영 형태는 공영이나 지방자치단체의 보조를 받는 민영의 형태를 하여 계획적인 도로 운영에 기여를 할 수 있도록 해야 한다. 또한 저밀도 분산지역의 건설을 위해서는 감소하는 밀도만큼 도로를 확장하여 흐름을 더 빠르게 만들어내는 것이 중요하다. 광폭의 도로는 저밀도 개발이 만들어 낼 축복이라고 할 수 있다.

저밀도 확장지역에서 지향할 수 있는 공동주택(아파트) 모델은 '상대적 저층 분산형' 주택이라고 할 수 있다. 고도 제한 지역의 저층 수준은 아니더라도 수요와 삶의 질을 양립하는 방편에서 용적률을 조정해야 할 것이다. 또한 건폐율을 낮춰 동 사이의 거리를 충분히 넓게 해서 사생활 문제를 충분히 보장하는 방안도 함께 강구해야 한다. 최소한의 다른 집과 우리 집 사이의 '공간 분리성'이 충족되어 사생활을 공유하는 형태의 부정적인 상황은 막을 수 있는 것이다.

고층의 스카이라인을 번영의 상징으로 인식하는 개발의 관점에서는 이러한 형태의 건축이 선호되기가 힘들다. 현재의 아파트 수요층에서는 많은 단지가 입주한 곳이 재건축의 가능성이나 커뮤니티의 형성 용이성 등의 차원에서 고층 아파트를 선호하는 경향이 크다. 많은 수요를 포함시키려다 보니 분산은커녕 동 간의 밀집한 건설이 흔하게 일어난다. 저층화 전략이 성공을 이루기 위해서는 수요자들의 관심을 끌 수 있는 요인을 담은 주택들을 건설해야 한다. 대표적인 유인 전략으로 거론할 수 있는 것이, '고급화' 전략이나 '녹지 공간', '주택만의 커뮤니티' 등이 있을 수 있다. 저층이면서도 상당한 인기를 구가하는 주택들이 있다는 것은 고층과 인기가 필연적인 상관관계는 아니라는 것을 보여준다.

위와 같은 모델을 통해 저밀도 확장지역으로 공간을 재편하면 훨씬 더 지역의 가용 공간이 넓어질 수 있다. 같은 면적에 선택의 여지가 더 높아지는 것이다. 가용 공간이 넓어진다는 것은 또한 지역 개발 측면에 있어 다른 기능으로의 전용 가능성으로도 여지를 많이 넓혀둘 수 있다. 비게 된 땅에서 경제, 생산 활동이 일어나게 하여 지역 경제를 선순환할 수 있도록 만드는 것이다. 이것은 저밀도 확장지역 개념이 다기능 통합지역과 연계할 수 있는 부분이라고 할 수 있다. 하지만 이러한 시도는 조심할 필요가 있다. 저밀도 확장지역의 추진 이유가 삶의 질을 제고하며 집중화에서 수반되는 문제들을 해결하는 측면이 큰데, 이러한 것들을 무력화시킬 수 있기 때문이다. 그렇기 때문에 구성원들과의 충분한 합의와 결과에 대한 객관적인 분석을 바탕으로 지역의 계획이 일어나야 한다.

저밀도 확장지역의 개념을 보편적으로 도입하기에는 건설사들의 이익 문제도 맞닿아 있기 때문에 힘든 측면이 있다. 용적률을 높이는 것이 이익 창출의 가장 빠른 길이기 때문이다. 하지만 앞에서 살펴본 것처럼 저밀도 개발의 경우 삶의 질을 많은 측면들에서 개선하고 또 미래 사회의 문제들(환경, 사생활 등)을 훨씬 더 높은 확률로 감소시킬 수 있다는 점에서 긍정적이라고 볼 수 있다.

당장의 경제 논리를 좇는 것보다, 지금의 삶의 질을 찾는 것이 장기적인 이익 관점에서도 더 유리하다. 그리고 저밀도 개발의 경우 단순히 '분산'에만 키워드가 있는 것이 아니라 그것의 효과를 극대화시킬 수 있는 구체적인 방안을 찾을 수 있을 것이다. 앞서 이야기한 공동주택의 분산 모델은 그것의 하나의 예라고 할 수 있다. 주거 공간뿐만 아니라 도로나 녹지, 기타 시설과 관련해서도 저밀도 개발에 대한 다양한 상상력과 계획을 기대해본다.

확장지역, 발전의 공백을 메운다

저밀도 확장지역에서 후반부의 이야기, 즉 '확장지역'의 이야기를 해보려고 한다. 이 논의는 개발의 기조가 '저밀도' 개발을 기초로 한다는 것을 전제로 한다. 확장지역은 낮은 밀도로 형성된 개발지역이 넓게 확장되어 면적이 넓혀지는 상태를 의미한다. 연담도시라는 용어는 두 개의 도시가 서로 시가지가 확장하여 두 지역의 경계가 모호해지는 것을 의미하는데, 연담화의 경우 이렇게 팽창하는 현상 그 자체를 정의하는 용어다. 이 글에서는 연담화라는 용어를 확장의 동의어로 사용해보려 한다.

우선, 시가지가 확장하는 것에 대해 '난개발'이라는 이미지를 투사하여 부정적인 방향으로 생각할 수도 있다. 하지만 시가지의 확장은 자연스러운 지역의 발전 과정이다. 그리고 난개발의 이미지가 그간 투사되어 왔던 이유는, 개발에 대한 규제나 제동 없이 경제 논리에 따라서만 개발이 이루어졌기 때문이다. 하지만 지역의 확장이 적절한 규제에 따라 이루어진다면 오히려 충분히 긍정적인 방향으로 지역의 계획을 이루어낼 수 있다. 적절한 규제의 목표는 앞에서 말한 '저밀도 개발'과도 상응하는 부분이 있다. 지나친 집중화를 피하면서 쾌적한 주거 환경과 녹지가 보장된 공간을 만드는 것이다.

그렇다면 시가지가 확장하게 되면 어떠한 점에서 발전의 공백을 없애게 되는 것일까? 자연 상태의 지역에서는(환경적인 차원이 아닌 개발 이전의 상태를 지칭한다) 소규모의 마을 단위가 산재한 수준의 분포를 보인다. 지방 군단위 지역의 일반적인 촌락의 모습이나 수도권 지역에서도 개발제한지역 등으로 지정되어 개발이 되지 않은 곳이 대표적인 사례라고 할 수 있다(터돋움집으로 유명한 인천 계양구의 굴포천 유역을 예시로 들 수 있다. 참고로 이 지역 주변에서 3기 신도시가 지정되어 대규모 택지가 들어오게 될 예정이다.).

이러한 형태의 지역들의 경우 앞부분에서 이야기했던 지역의 다양한 기능들(행정, 경제, 교통, 문화 등)이 제대로 형성되지 않았거나, 중심지와의 거리가 멀어 중심지로부터의 발전의 동력이 제대로 미치지 못할 가능성이 크다. 하지만 저밀도 개발의 형태로 지역이 계속 확장하는 식으로 넓혀져서 구조가 새롭게 재편된다면 통합적으로 기능들을 새로 도입할 수 있고, 중심지도 재설정을 할 수 있게 될 것이다. 일종의 소중심지를 새로 형성시키는 것이다.

확장지역에 대한 대표적인 우려는 몇 가지가 있다. 먼저, 시가지 내지 도시 지역(건축물과 사회간접자본을 포괄한다)을 확장하면서 환경 파괴나 불필요한 에너지 소모가 발생할 수 있다는 점이다. 이것은 환경 그대로의 보존에 대해 중요하게 생각하는 입장과 개발을 추진하는 입장 사이에서 발생하는 주된 갈등 요인이다. 여기서의 환경은 자연 환경뿐만 아니라 문화재 보존 등의 입장까지도 넓은 관점에서 볼 수 있다. 우리는 종종 뉴스에서 건설 도중에 문화재가 발굴이 되어 공사가 전면 중단되는 경우를 볼 수 있다.

필자는 문화재의 경우 장기적인 관점에서 경제적으로만 그 가치를 환산하기에 너무 중요한 측면이 크기에 순간의 수익만으로 따져서는 안 된다고 생각한다. 환경도 역시 마찬가지다. '비가역성'이 환경의 대표적인 특질임을 고려할 때, 우리는 개발의 대가가 크다는 것을 새겨야 한다. 평창 동계올림픽의 결과로 건설한 스키장이 수백년 된 가리왕산의 자연림을 훼손한 사례를 보면 결코 이것은 돈으로 가질 수 없는 것임을 알아야 한다.

또한, 최근의 압축도시의 경향 역시 확장지역에 대한 불신을 증폭시킬 수 있다. 앞서 말했듯이 압축도시는 사회적 인프라를 한 군데에 모아 인구가 분산되었을 때보다 인프라에 드는 비용을 아끼자는 관점이다. 이미 일본에서도 이러한 시도가 도입되고 있고, 한국에서도 개념에 대한 관심이 생기고 있는 상황이다. 이러한 압축도시에 비교하여 확장지역의 경우 인구가 산재하여 빈 공간이 극대화되는 형태가 아니라, 밀도가 낮지만 균일한 밀도로 연속되는 형태를 띤다. 이러한 형태의 구조 아래에서 사람들은 삶의 질을 누리며 인프라가 중단이 없이 계속되어 생활에의 편의성까지 느낄 수 있게 된다. 삶의 만족감이 높아질수록 그 지역에 대한 정주여건이 개선되어 장기적인 인구의 형성 요인으로 작용하게 된다.

먼저 언급한 환경 문제에 관해서는 개발과 보존이 공존하는 형태를 지향해야 한다. 어느 한쪽의 의견만이 독단적으로 드러날 경우에는 계획했던 구상도 이루지 못하고 환경 본연의 가치를 지키는 것도 실패할 가능성이 크다. 보통 이러한 경우에는 공사가 답보 상태에 놓이는 상태가 많기 때문이다. 그렇기 때문에 개발을 진행하면서 환경(문화재 구역 포함)과 최대한 '공존'할 수 있는 방안을 강구해야 한다. 특정 지역을 생태 공원이나 유적지구로 지정하여 훼손으로부터 미연에 방지를 하고, 관광객 유치까지 하는 사례가 좋은 방편이라고 생각할 수 있다. 충청북도 청주시에 소재했던 원흥이 방죽(습지)에 살던 두꺼비들을 보호하기 위해 '두꺼비 공원'을 만들어 택지 개발과 자연 보존을 이루었던 일도 부연하는 사례로 제시할 수 있을 것이다.

그리고 확장지역은 인프라를 배로 늘리는 것이 아니라, 오히려 '총량 보존'의 측면에서 분산시키는 것이라고 생각을 할 수 있다. 기존의 도시들이 종적(수직)으로 올라가는 것에 집중했다면, 확장지역은 그것을 횡적(수평)으로 나누는 것에 집중한다. 결국 인프라의 총량을 비슷하게 유지할 수 있다. 이러한 원리 하에서는 오히려 집중화를 통해 폐해를 감수하는 것보다 밀도를 낮추고 시가지를 넓혀서 생기는 경제적, 문화적 효과를 보는 것이 유리하다고 볼 수 있다. 확장지역은 기존의 스카이라인을 발달의 척도로 보던 관점과 다르다. 오히려 확장지역의 발전 패러다임은 고도(높이)에 있는 것이 아니라, 디자인과 문화, 그리고 인간을 향한다.

그리고 확장지역이 유리한 이유 중 하나는 땅을 소위 '공지', 즉 빈 땅으로 두는 것에 비해 가치를 창출해내는 방편이 훨씬 유리하다는 것이다. 물론 절대 농지나 개발제한구역의 경우 본래의 목적이 있기 때문에 예외 사항으로 두지만, 그러한 용도가 아닌 빈 땅의 경우 충분히 활용할 수 있을 것이다. 이러한 논의를 하면서도 한 가지 강조하고 싶은 점은, 농업용지의 힘을 결코 무시하면 안 된다는 점이다. 1차 산업은 지금의 4차 산업 혁명 시대에도 모든 경제의 토대가 되는 지점이다. 개발로 인한 효용도 물론 좋지만, 그것이 1차 산업을 고사시키는 방편으로 향한다면 속도와 방향을 조절할 필요가 있을 것이다.

끝으로 확장지역의 개발 방향과 맞추어 새롭게 떠오를 수 있는 개념은 '도시농업'이다. 도시농업은 말 그대로 인구가 밀집하여 거주하는 도시에 농업의 장을 열어 '농업 친화적 생활'을 정책적으로 추진하는 것이다. 확장지역의 기본 바탕은 연속성이 있는 토지의 활용이다. 농업이냐, 공업이냐, 혹은 첨단 산업이나 주거지냐 등의 토지 이용의 목적보다 중요한 것이 빈 땅을 최소화하는 것이다. 개

넘에 속한 '도시' 용어에 걸맞게, 1차 산업인 농업은 도시 지역에서는 거의 전무에 가깝게 감소하고 있는 실정이다. 녹지 공간의 확대와 발맞추어 도시 내의 농업 공간을 확보하게 될 경우 '시민이 함께 가꾸는 농장'을 만들며 자연 친화와 자족 정신, 그리고 자연 교육에까지 나아갈 수 있는 발판을 형성할 수 있을 것이다.

실제로 서울특별시에서는 '서울도시농업박람회'를 개최하여 18개 자치구가 참여하는 행사로 가꾸어나가고 있다. 이 행사의 지향점은 도시농업의 생활화, 농업 도시로서의 서울의 색깔, 환경 문제의 대안 등으로 집약이 된다.[22] 물론 1차 산업이 주를 이루는 촌락 지역에서는 이러한 논의가 이질적이거나 현실과 거리가 있는 이야기일 것이다. 하지만 대다수의 시급의 기초자치단체(도농복합시의 읍, 면단위 지역을 제외한 동지역) 이상만 보더라도 도시농업을 통해 충분히 이전보다 지역 구성원들이 농업 참여를 통한 삶의 경험 확장과 질적 측면의 제고를 이루어낼 가능성이 크다.

이번 논의에서는 확장지역이 어떻게 발전의 공백을 줄여 보다 넓은 지역에 발전의 혜택을 퍼뜨리고 삶의 질을 높여가는지에 대해 이야기해보았다. 또한 개발의 확장으로 인한 환경이나 문화재의 파괴, 또는 압축도시 개념과 반하는 차원에서의 소위 '인프라 낭비'에 대해 이야기해보고, 문제를 최소화하는 방안에 대해서도 살펴보았다. 물론 대안이 발생할 수 있는 모든 문제를 차단할 수 있는 것은 아니다. 하지만 '공존'의 가치로서 두 가지의 가치가 충돌할 때

양자를 절충할 수 있는 방안까지 나아갈 수 있을 것이다. 정리하자면, 이전에 이야기한 저밀도 개발과 종합한 '저밀도 확장지역'은 지역 구성원들의 삶의 질을 제고하면서 발전의 연속성을 확보할 개발의 형태인 것이다.

04
교육중심 지속가능발전지역,
교육이 지역의 미래로 자리하다

교육은 옛말에 '맹모삼천지교'라는 말이 있을 정도로 문화권을 막론하고 사람들이 중요하게 인식한 가치다. 교육이 발달한 지역은 그것의 '공사'를 막론하고 지역 자체에 발전 동력이 유지되고, 교육이 쇠퇴한 지역은 미래가 없는 지역의 인식이 투영된다. 이것은 학군이라는 구역의 획정으로도 나뉘어 같은 지역 내에서도 교육에 따른 지역의 경제적 수준이 발생하게 된다. 이렇게 지역들이 교육(그 기준은 주로 학생들의 학업 성취도가 되는 경우가 많다)을 기준으로 경제적 수준의 우위가 결정되는 경우도 있지만, 교육의 '부재'로 인해 지역 자체의 소멸이 발생하는 지역들도 있다.

실제로 광역자치단체들 중 도지역들의 경우 면단위 지역들에서 학교가 자연적으로 소멸되는 경우를 흔하게 볼 수 있다. 인과관계에서 원인과 결과가 상호 연결되어 동치가 되는 경우를 우리는 필요충분조건이라고 지칭하는데, 학생이 없어서 교육기관이 없다는 명제와 교육기관이 없기 때문에 학생이 없다는 것 모두 성립이 될 수 있다. 학생이 없으면 학교 자체에서 이주하는 가족의 전학생을 기다리며 하릴없이 불을 켜놓고 기다릴 수는 없는 일이다. 또한 교육기관이 없게 되면 그곳에 이주하지 '말아야 할' 이유가 생기는 것이기 때문에 경제 활동을 위해 이주를 꿈꾸던 가족이라도 그 생각을 선회하게 될 수 있다.

하지만 우리가 이 부분에 대해서 고민해야 할 것이 있다. 과연 '학교'라는 공간을 통해, 즉 교육을 통해 지역의 존속을 유지하며 또 다른 발전의 활로를 찾을 수 있다면 어떨 것인가? 면 단위 지역의 학교 유지가 지금 투입되는 예산이 크게 느껴질 수 있겠지만, 균형발전 차원에서의 투자로 생각한다면 충분히 미래 가치가 있는 선택일 수 있다. 이러한 결정은 개별 지역 자치의 수준이 아닌, 국가적 수준에서 논의를 하는 것이 더 효과적일 수 있는 사안이라고 할 수 있다.

이러한 초·중·고등학교 교육과정의 초·중등 교육기관 말고도, 대학 이상의 고등 교육기관도 존재도 지역의 발전에 큰 축이 된다. 대학가 상권 형성이라는 직접적인 경제적 기능 이외에도 고등 교육을 받은 인재를 그 지역에서 육성해낼 수 있다는 차원과 교육기관이 지역과 연계한 연구 활동을 통해 발전 전략을 제시할 수 있다는 점도 기대 효과라고 볼 수 있다. 일종의 '싱크탱크' 역할이 가능한 것이다.

이 논의에서는 초등 교육기관부터 고등 교육기관에 이르기까지 교육이 지역사회에 미칠 수 있는 영향을 재조명하고, 교육을 통해 발전을 중단 없이 도모할 방법에 대해 고찰해볼 것이다. '지속 가능한 발전'은 교과서적인 의미로서는 미래 세대의 필요를 훼손하지 않으면서 지금 시대를 살고 있는 세대가 그 수요를 충족시키는 발전의 형태를 말한다. 한 마디로 '자원'의 운용과 관련된 경제적 개념이다. 교육에 있어서의 지속 가능한 발전은 앞선 의미와 결이 다를 수 있다. 교육은 소비재가 아닌 쓰이면 쓰일수록 영속할 수 있는 재화에 가깝다. 현재 세대가 쓰면 쓸수록 미래 세대의 풍요가 늘어나는 생산과 다름이 없다. 교육은 지역 사회와 연계하면서 지역의 계속될 발전을 위해 역할을 해야 하는데, 그 구체적인 내용에 대해 함께 살펴볼 것이다.

교육기관이 지역을 끝까지 지켜낼 수 있다

앞에서 소개했듯이, 교육기관은 한 지역의 존속에 큰 역할을 한다. 교육기관이 사라지면 더 이상 그 지역은 새로운 세대가 자라나갈 터전으로서의 이유를 잃게 되는 것이다. 사회에서의 성장에 있어 교육을 통한 사회화를 필수적인 통과 의례로 보는 시각이 많은 만큼, 우리 사회에서 학교라는 공간은 지역에 있어 없어서는 안 될 공간이다. 하지만 현실은 그렇게 녹록하지가 않다. 교육부에서 제공하는 전국 폐교 현황에 따르면 2021년 2월 기준 시, 도별 통합 폐교 개수는 2,864개이다.[23] 통폐합의 형태로 폐교가 되는 학교들의 경우 통념이 읍, 면지역의 소규모 학교라는 생각이 있을 것이다. 하지만 대도시에도 분명히 폐교가 되는 사례가 존재하며, 주로 도심 공동화로 인해 도심지의 인구가 감소하여 작은 학교가 된 사례들이다. 이런 학교들의 경우 이전에 도심지가 주거 지역으로서 많은 인구가 거주하였을 때 학생 수가 많았다는 특징이 있다.

학교라는 공간은 또한 그 마을의, 또한 그 지역의 역사와 문화를 고스란히 담고 있다. 학교의 한 부분에 위치한 '작은 박물관'은 그 학교의 과거를 보여주는 징표다. 또한 동문회 행사가 열리는 날은 각지에 흩어져 있던 모교 출신의 동문들이 모여 각자마다의 대화의 층들을 쌓는다. 이러한 대화의 층에는 그 지역의 시간적 흐름이 담겨져 있다. 동문회의 예시가 아니더라도 그 지역의 거주민들은 졸업한 학교를 바탕으로 한 정체성으로 묶여 지역에 대한 애착의 정신과 나아가 지역을 존속 및 발전시키고자 하는 사고와 실천으로 발전할 수 있다. 소위 '동질감'은 이러한 실천을 할 수 있는 사람들의 숫자를 보다 더 늘리는 효과가 있다 볼 수 있다.

이러한 주제와 이어서 소규모 농산어촌 학교의 통폐합에 있어서 가장 큰 갈등에 봉착하는 문제는 바로 학교 동문들의 반대에도 있다. 일선 교육청의 단독적인 집행으로는 학교를 통폐합시키는 것은 어렵다. 자연소멸이 되거나, 동문회에서 사안에 대해서 동의하는 경우에 이것이 원활히 가능하다. 하지만 통폐합이 갈등을 불러일으키는 가장 직접적인 이유는, 바로 '정체성의 충돌'이다. 학교는 그 자체로도 역사이지만 많은 사람들의 기억을 재구성하는 또 다른 역사이기도 하다. 졸업한 이들 대다수가 통폐합에 온 힘을 다해 반대하는 경우가 많은 이유는, 학교 사이의 자존심 문제를 넘어 그 지역이 공유하는 역사와 문화를 사수하기 위해서다.

이러한 반대에 맞서서도 교육청은 상당한 난색을 보인다. 대중매체에서나 일반적인 인식으로서 보이는 이미지의 '작은 학교'는 소수의 교사가 수업과 행정 업무를 하는 곳으로만 생각을 한다. 하지만 실제 작은 학교에서 근무하는 교직원의 수는 교원 외에도 학교라는 공간을 유지하는 데 필요한 인원들까지 합하여 더 많다고 볼 수 있다. 2~30명의 학생들이 재학하는 학교에서도 근무하는 전체 인원은 학생들의 수와 크게 다르지 않다. 인력의 고용은 곧 교육청의 지출로 이어지기 때문에 교육청 입장에서는 최대한 작은 학교들을 합쳐 3~4개 지역의 학교들이 합쳐진 형태의 통합형 학교를 만드는 것이 이익이다. 교원 1인당 학생 수는 늘어나더라도, 예산 범위 내에서 고용이 가능한 인원을 감축할 수 있다는 특징이 있다.

실제로 충청남도 청양군에는 농촌 지역의 3개 중학교를 통폐합하여 개교한 정산중학교가 조명을 받고 있다고 한다. 이 학교는 새로운 부지를 정해 학교들을 통폐합하였고, 다양한 프로그램과 장학

지원, 기숙사 운영 등을 통해 교육에 많은 투자를 하고 있다고 한다.[24] 이러한 기숙사 형태의 학교에는 장단점이 있겠지만, 생활지도나 사회성 형성 및 자립심 강화 등의 측면을 특장점으로 거론할 수 있을 것이다. 학교의 혜택을 통해 각 지역(면 단위)에서 학생들이 모이게 되면 앞에서 말한 것과 같이 새로운 '중심지'를 작은 형태로 만들어낼 수 있다. 하지만 문제는 이로 인해 다른 지역의 생명력이 소거가 될 수도 있다. 교육에는 '터전'을 바탕으로 한 연속성이 중요하다. 물론 각자의 개성과 목표에 따른 진학이 다양화되어 각지로 학교에 갈 수도 있겠지만, 일반적으로는 같은 지역에서 가족과 이웃이라는 울타리를 터전으로 한 진학을 대다수가 선호한다.

　그러나 거주하는 지역에 진학할 학교가 없다면 그 지역에서 공부를 지속할 장점이 많이 떨어진다고 할 수 있다. 초등학교 이후의 진학에 대한 우려를 이야기했다면, 만약 아이가 태어나고 취학할 '초등학교'가 소재한 면에 없다면 과연 어떨까? 초·중·고등학교의 수는 피라미드의 구조를 띠며, 상급 학교로 갈수록 현저히 줄어드는 형태를 보인다. 그중 통폐합의 경향은 상급학교에서부터 시작되어 지금은 가장 기본적인 교육의 단위인 초등학교까지 확대되는 양상이다. 초등학교까지 통폐합의 물결이 다가오게 되면 그 지역은 더 이상 존속할 힘과 당위가 사라지게 된다. 학교가 없어지는 것은 일정 절차만 밟게 되면 일사천리이지만, 다시 만들어지기 위해서는 몇 배의 노력이 더 필요하다.

하지만, 계획적으로 그 지역에 대한 일종의 '구역 조성 사업'을 설정하여 추진한다면 죽어가는 지역을 다시 살릴 수 있는 불씨가 생길 수 있다. 구역 조성 사업은 앞서 말한 개발 단계(사회간접자본과 산업 기반, 그리고 정주 여건의 확보를 그 순서로 하며 다기능 통합지역과 다핵화 균형지역의 원리를 내포한다)를 통해 준비를 할 수 있을 것이다.

위에서 말한 구역 조성 사업의 경우 개별 교육기관 단위에서 추진할 수 있는 규모가 아니기 때문에, 미시적 관점에서 학교를 살릴 수 있는 방안은 무엇을 또 제시할 수 있을까? 일단 소규모 학교만의 장점을 최대한 계발하는 점이 필요하다. 집중화의 경향으로 '콩나물 교실'이 되어가는 대도시 지역의 학교와 차별화된 '저밀도 교육'은 학생들로 하여금 보다 많은 교사의 관심(학업이나 생활면 모두를 포괄한다)과 자연 친화적 활동, 그리고 다양한 프로그램들의 참여를 가능하게 한다.

또한 전라남도 화순군 아산초등학교의 경우 '전학생들에 대한 무료 관사 제공' 혜택을 통해 돌파구를 찾은 점도 있다. 물론 이러한 움직임은 해당 지자체에 소재한 선거관리위원회의 제동에 발목을 잡혔지만(일종의 기부 행위로 규정되어 금지된다는 조항이 있음), 지역의 교육지원청이 법 해석에 대해 이의를 제기하는 등 문제 해결에 대해 적극적인 의지를 보이고 있다는 점이 특징이다. 그리고 촌락 지역의 경우 낮은 지대와 상대적으로 넉넉한 가용 공간을 활용하여 학생들에게 제공할 수 있는 여지가 있다.**25** 만약 정주 문제가 위와 같은 방법을 통해서 해결될 수 있다면 충분히 소규모 학교의 이점을 누리기 위해 이주를 선택할 사람들도 충분히 존재할 것이다.

다음으로. 학교의 존재 근거를 보다 더 명확히 할 방안으로는 개별 학교를 지역 연구의 거점으로 육성하는 것이다. 지역 연구는 인문의 관점에서는 역사, 문화 및 민속 및 지역 교육(지역화 교육이라고도 칭할 수 있다)의 차원으로 연구가 뻗어갈 수 있을 것이고, 실용적 관점에서는 경제나 성장 전략, 혹은 기타 기술적 측면의 지역과 관련된 연구를 해볼 수 있을 것이다. 학교 자체가 연구의 주체가 되는 것은 무리가 있다. 학교는 통상적으로 학생에 대한 교육이 일어나는 장이기 때문이다. 이러한 지역 연구의 거점은 학교의 부속 연구기관을 운영하거나 개별로 운영하되 긴밀한 연계 관계를 형성하게 하는 점도 고려할 수 있다.

이러한 경우 연구기관의 성격은 영리가 아닌 공익과 지식 창출에 있으며, 연구원들의 자격은 해당 지역을 잘 알며 '애착심'이 있는 인사로 구성하되, 전임 연구직(즉, 직업 연구원)이 아닌 위원의 형태로 위촉하여 집행과 자문의 역할을 병행할 수 있도록 하는 것이 좋을 것이다. 전임으로 일하는 인력을 두는 것의 경우 필요에 따른 예외 조항으로 설정하되, 위원의 형태로 두어 자유로운 경제활동이 가능한 다양한 부문의 사람들을 충원할 수 있다는 장점이 있다. 어떠한 식으로 책임감을 부여할지에 대해서는 '인센티브'의 방식으로 더 논의해볼 수 있을 것이다.

교육기관은 지역의 미래를 위한 핵심적인 요소라고 볼 수 있다. 앞에서 말했듯이 지방소멸이 가속화될 경우 많은 농산어촌의 학교들은 희비가 교차할 것이다. 이러한 상황을 단순히 인구 감소에 의한 순리로만 치부할 수는 없다. 소멸하는 지역이 증가하여 집중화의 경향이 심해지는 것 역시 사회적 비용이 초래되는 일이며, 지역의 역사와 문화를 잃는 것은 큰 유산을 잃는 것과 같은 일로 동일시해야 한다. 지역의 발전 전략을 고민하는 한편, 교육기관을 보다 살릴 수 있는 방안을 강구해야 한다. 위에서 제시된 방안들은 하나의 가설일 뿐이다. 다양한 의견들이 보다 모여 교육기관을 살릴 수 있는 방편을 더욱 많이 제시할 수 있어야 할 것이다.

지역 연구기관의 닻을 올리는 것의 의미

점점 지방의 대학들이 설 자리가 없어지고 있다. 학생들의 수요는 수도권이나 대도시에 가까운 곳으로 더욱 더 쏠리고 있고, 학생 충원을 하지 못해 존폐의 기로에 놓인 대학들을 일상적으로 매체를 통해 볼 수 있다. 기본적인 학생 수가 충족되지 않으면 아무리 정부의 재정적 지원이 따라온다고 하더라도 대학의 고질적인 문제를 해결할 수 없다. 이러한 지방대의 '소멸' 위기론은 우리나라의 뿌리 깊은 입시 서열화에서 그 원인을 찾을 수 있지만, 결국 이것은 수도권

'집중화'로 인한 폐해로 원인을 수렴시킬 수 있다.

서울이나 그로부터 먼 지역은 모두 하나의 땅을 차지하는 공간이라는 차원에서 '지방'의 지위를 가질 수 있다. 서울지방경찰청이라는 과거 이름에서 소재한 서울이 수도임에도 지방이 들어가는 것은 이러한 성격에서 기인한 것이다. 하지만 이러한 구분은 어디까지나 일종의 원론적인 영역이다. 서울을 비롯한 수도권과 기타 지역은 명백한 '서열 관계'가 정립되어 있으며, 이것은 정치나 경제와 같은 사회적 부문과 더불어 부동산과 교육 같이 생활과 밀접한 부분에까지 나타난다. 부동산의 경우 서울의 중단 없이 오르는 주택 가격을 가장 대표적인 예시로 들 수 있을 것이다. 한편 교육의 경우, 이 단락에서는 대학이라는 고등 교육 기관의 서열화를 통해 집중적으로 조명해보고자 한다.

지역의 대학들이 점점 선택받지 못하는 이유는 우선 대학 자체의 경쟁력의 문제가 있다. 높은 스펙의 대학 교원 지망자들은 어떻게든 서울 내지 수도권에 입성하기 위해 온 힘을 다한다. 지역마다 적합한 유능한 인재가 찾아오는 것이 아닌, 경쟁 관계 속에서 서열화가 어느 지역을 최종적으로 가게 되는지를 결정짓는 것이다. 그리고 교원이 지역의 대학에 자리를 잡게 되더라도, 대학 존립의 불안정성과 개인적인 이동 욕구에 의해 수도권의 타 대학으로 이러한 인재들이 유출되는 경우가 흔히 발생한다. 결국 지역의 대학은 연구의 중심이 되기보다는 교수들의 경유지, 혹은 단순히 학생들에게 학위를 주기 위한 공간 이상의 가치를 못 갖게 되는 경우가 많게 되는 것이다.

그리고 대학의 졸업장의 사회적 무게가 졸업 후 경제활동과 연결되는 우리 사회의 실정에서, 지방대의 학위에 대한 수요는 점점 줄어들게 된다. 현재 우리나라 경제에 있어 '의사결정'의 축을 이루는 사람들의 대다수는 소위 학벌에 의한 인재의 평가에 익숙해왔다. 우리 사회가 다양한 재능의 가치를 존중하며 '블라인드 채용' 등의 형태로 능력을 중심으로 인사를 시행한 것은 시기도 얼마 되지 않았으며 대상 부문도 공적 부문이 주를 이룬다. 결국 학생들로서는 불확실하게 보장되는 채용 등에 집중하기보다는, 스스로 '학벌'을 높이는 방편으로 진학에 매진하거나 편입의 형태를 고려하기도 한다. 문제는 이러한 학벌이 상당 부분 우리 사회의 '수도권 중심주의'의 영향을 받았다는 것이다.

미국의 사례를 예로 들면, 소위 아이비리그로 묶이는 유수의 명문 대학들은 미국 동부에 주로 위치한다는 지리적인 특성이 있지만, 결코 우리나라처럼 한 도시에, 그리고 권역에 집중하여 분포하지 않는다. 이 대학들이 높게 평가받는 요인은 오랜 역사와 함께한 자체적인 경쟁력의 힘이다. 이것은 대학 자체의 연구 경쟁력도 포괄할 것이고, 대학이 배출한 인재들의 활약 역시도 함께 영향을 주는 부분일 것이다. 하지만 우리 사회에서는 이미 고도 성장기를 거쳐 지역에 의한 학벌의 형성이 공고화된 단계이기 때문에, 이러한 구조에 변화를 주는 것은 시간이 더 필요할 것이다.

종합해보자면 지역의 대학들의 경쟁력 약화는 대내외적인 측면에서 모두 문제를 지적할 수 있다. 사실 '외적' 측면의 경우 개별 대학의 노력으로 해결할 수 있는 문제가 아닌, 정책적 차원이나 국가 균형발전의 결과적 차원에서 해결을 기대해 볼 수 있는 차원의 문제다. 그렇지만 '내적' 측면의 경우 충분히 대학 스스로의 노력으로 극복이 가능할 수 있다. 내적 측면에 있어서의 노력은 대학 자체의 노력으로 평가할 수 있으며, 대학의 내부 경쟁력을 높이는 방안이 가장 중요하다고 볼 수 있다.

대학의 내부 경쟁력을 그렇다면 어떠한 구체적인 방안을 통해서 증진할 수 있을까? 먼저, 대학은 엄격한 교원과 학생 관리를 통한 '학습 중심의 교육기관 체계'로 체질을 개선해야 한다. 인재 육성에 목표가 있으면서도 제공하는 교육의 질에서는 질적 개선을 이루지 못하는 부분이 발전에 정체를 가져온다. 교원들을 더 엄격하고 투명하게 채용하여 교육의 질을 제고하고, 학생과의 상호작용에 기반을 둔 평가를 통해 피드백 효과를 불러일으킬 수 있어야 한다. 그리고 단순한 취업 지표 같은 통계에만 몰두할 것이 아니라, 학생들의 향후 진로를 보다 적극적으로 지원함으로써 대학 스스로의 경쟁력을 챙겨야 한다. 대학생들은 성인이기 때문에 자유라는 명목 하에 미래까지 모두 맡긴다는 식으로 접근해서는 안 되고, 이들이 사회의 첫 발걸음에 보다 안정적으로 안착할 수 있게 교육기관으로서의 책임감을 보여야 한다는 의미다.

그 다음으로, 지역과 연계한 대학으로서의 경쟁력을 강화해야 한다. 지역과 연계한 대학이라는 것은 두 가지 차원에서 접근이 가능하다. 하나는 산학연계와 '지역 일자리 우대' 등의 정책적 차원에서 학생들의 진로를 지역과 연계하여 지원하는 방안이다. 기업들의 입장에서도 다른 지역에서 생활하거나 공부한 인재보다 지역 대학에서 공부한 학생들과 함께하는 것이 근속 가능성이나 실무에서의 도움 차원에서도 더 이익일 것이다. 또한 학교에서는 단순히 수치를 위한 통계에 집착을 하기 보다는 지역 연계를 통한 일자리 창출을 통해 보다 양질의 진로 결과를 낼 수 있다는 점이 장점이라고 할 수 있다.

한 가지 염두에 두어야 할 점은 지역 연계의 과정에서 보다 학교와 지역 사회의 여러 주체 사이에(그것이 경제적 주체가 될 수도 있고 지역 사회 그 자체가 될 수도 있다) 신뢰를 깊게 형성하는 것이 중요하다는 것이다. 대학은 지역에 대한 애착이 있으며 전문성이 있는 인재를 길러내어야 하고, 지역은 오는 인재들에 대해 '지역 사회의 발전을 위해 뛸 일꾼들이 왔다'고 생각하며 환영할 수 있어야 한다. 지역에게 필요한 인재는 유능한 인재도 중요하지만 그 지역에서 오랫동안 삶의 터전을 함께 할 인재라는 점이 중요하다.

한편, 대학은 지역 발전에 대한 싱크탱크로서 '중심적 연구기관'이 될 수 있어야 한다. 이전의 내용들이 주로 학생과 진로에 관한 내용이었다면, 이 내용은 대학과 지방자치단체 사이의 내용이라고 할 수 있다. 이전에 바로 전 단락에서 다루었던 내용이 초·중등 교육기관들이 해당 단위의 마을에서 마을 연구의 중심이 되어야 한다는 이야기였다. 이번에는 그 차원을 넓혀 최소 '기초자치단체' 급까지 지역 연구의 범위를 넓힌 것이라고 할 수 있다. 교육부에서도 2020년 초 브리핑에서 지방자치단체와 대학이 협력하는 것을 기반으로 한 지역혁신 사업을 발표했다. 이러한 사업의 골자는 지역의 주체들이 상향식으로(거버넌스) 지역 혁신 과제를 발굴해내고, 그것에 맞는 맞춤형 인재를 대학이 육성하는 방안을 강구해내는 것이다.[26] 지역은 필요한 과제를 해결하여 발전을 이루어내고, 학교는 인재 육성이라는 본연의 역할을 할 수 있다는 점에서 상부상조라고 할 수 있다.

이러한 대학의 상생적인 역할을 통해 지역에는 활기와 발전의 가능성이 생겨날 수 있다. 대학이 활성화되면 그에 덩달아 지역 상권 역시도 영향을 받는다. 대학생들의 주거 수요에 부응하는 임대업이나 식당업 등이 가장 특수를 볼 수 있는 업종일 것이다. 이러한 서비스업 부문에서의 경기 상승은 다른 부문에서의 경기 역시도 상승시켜 지역 경제의 선순환을 불러일으킬 것이다. 그리고 지역과 대학의 관계는 경제적인 측면에 있어서 어느 한쪽이 종속적인 관계가 아닌 상호 대등한 관계여야 한다. 어느 한쪽이 경제적 이익을 볼모로 자신들의 입장을 관철시킨다면 협력 관계는 금세 파괴될 것이다. 단기적인 이익이 아닌 장기적인 이익에 집중할 수 있도록 해야 한다.

앞에서 논의한 바와 같이 지역의 연구기관으로서의 대학은 지역의 현재와 미래에 방향을 제시해줄 수 있다고 볼 수 있다. 현재 지역의 경제 순환과 관련하여 고등 교육을 받은 인력을 지역 사회 내에서 순환시키고, 상권 형성을 통해 지역 사회에 먹거리를 제공한다. 그리고 지역과 연계한 상향식 연구를 통해 지역 발전에 대해 일종의 '맞춤형 대안'을 제시할 수 있다. 교육을 중심으로 한 국가균형발전은 고등 교육기관인 대학의 역할에서 정점을 찍을 수 있다. 입시 구조의 병폐로 전락했던 대학이지만, 지역 도약의 새로운 마중물로서 자리할 대학들의 선도적인 역할을 기대하는 바다.

교육이 국가균형발전을
만났을 때

●

국가균형발전과 교육의
상생 방안 모색

●

• • •

　　신문의 정치와 사회면에서만 볼 것 같았던 국가균형발전이 교육과 만나면 어떤 색깔을 낼 수 있을까? 기본적으로 어떠한 가치가 사회적으로 인정받기 위해서는 이후의 세대로 계승이 이루어져 나가는 것이 중요하다. 그러한 과정이 없다면 사장된 가치로 될 가능성이 크다. 국가균형발전의 경우 많은 사람들이 그 필요성과 중요성에 대해서 인식하지만, 그것이 하나의 체계로서 명맥을 가져왔다기보다는, 정책적 방향에 다양한 분야의 이슈들이 결합한 경우가 많았다. 이슈들의 경우 대개 그 시점에서 언론 등의 매체들의 영향을 받은 것들이 많았다.

　　하지만 국가균형발전이라는 주제를 토대로 학생들의 수준에 맞는 교육과정이 구성된다면 개별 교과서로 편찬할 수 있을 정도로 충분히 개념화가 가능하다. 교육과정은 흔히 '목표-내용-교수 및 학습(방법론)-평가'의 4단 분류 체제를 통해 고전적으로 교육계에서 접근해왔다. 이러한 틀 이외에도 새로운 접근 방법이 많이 나왔지만, 가장 보편적인 방향으로 접근해보자면 먼저 처음으로 국가균형발전의 이해 혹은 실천이 목표로 설정될 것이다. 그 다음으로 지식적인 측면이 나오고, 실제 교수 현장에서의 방법론적 접근(교수 자료 등도 이 영역에 해당한다고 볼 수 있다)을 다루게 될 것이다. 마지막으로 평가 부분에서는 국가균형발전을 가장 잘 반영한 성취기준과 관련하여 여러 평가 요소들을 개발해낼 수 있을 것이다.

　교육과정에 근거한 체계성도 교육에 있어서 중요하겠지만, 최근의 화두는 단연 '실제적 맥락'이라고 할 수 있다. 얼마나 교육이 학생의 실제 경험세계를 충족시켜주느냐가 '쉬운 이해' 그리고 '도움이 되는 앎'의 척도가 된다. 국가균형발전이라는 주제는 우리가 흔히 매체에서 접할 수 있으면서 삶에도 가까이 느낄 수 있다는 점에서 실제성을 충족한다. 또한 교실 밖으로의 수업을 통한 배움의 가능성이 큰 주제라는 점에서 학생들의 '주체적 사고와 실천 능력' 역시도 길러낼 수 있다. 그리고 지금의 교육적 경향이 학교라는 공간에 갇힌 이론을 넘어 실제적인 방향을 지향한다는 점에서 국가균형발전은 좋은 화두를 꺼낼 수 있다.

　이번 장에서는 '실제 사례'와 '상황 가정'이 더 많다. 이 두 가지 모두 실제 교육에서 다양한 형태로 변화하여 나타날 수 있다. 필자는 의도적으로 '문제 상황'을 제시해서 보다 학교에서 '살아있는' 국가균형발전이 도입될 수 있도록 할 것이다. 장의 전반부에서는 국가균형발전이 교육에 접목되어야 하는 이유(당위성)에 대해서 보다 구체적으로 이야기해볼 것이다. 그 다음으로 장의 후반부에서는 실제 교육에서 국가균형발전이 어떻게 적용될 수 있는지 교과 및 교과 외 측면 양자에서 모두 다루어볼 것이다. 교육과 만나는 국가균형발전의 색깔을 함께 찾으러 이제 출발할 것이다.

01
교육과 국가균형발전,
왜 만나야할까?

교육에 대한 관점은 역사적으로 다양하게 존재해왔다. 그것이 내포하는 것에 따라 여러 가지로 정의되어왔고, 또 철학적 관점에 따라 교육의 목적이나 내용, 그리고 주체 등이 다양하게 변화하였다.[27] 그중에서 교육의 목적이라는 틀에 따라 분류를 하여 열거를 해보자면, 교육 그 자체가 본질인 경우, 실용적인 목적이 교육의 동인인 경우, 평가를 통한 서열화가 목표인 경우, 삶과 관련한 실제적 교육이 목표인 경우의 네 가지로 크게 볼 수 있을 것이다.

먼저 교육 그 자체가 본질인 경우는 지식의 구조에 대한 탐구를 바탕으로 응용 능력을 키우는 것에 목표가 있는 관점이다. 이론적인 성격이 강한 접근이라고 볼 수 있는데, 학자 브루너의 관점이 이것과 맥락을 같이 한다고 볼 수 있다. 둘째, '실용성'을 중점에 두는 교육 형태는 주로 직업 교육 등에서 나타난다. 하지만 사회적 분위기에 따라 학교 정규 교육에서도 미래의 실용성을 기준으로 교육과정을 편성하는 경우가 있을 수 있다. 세 번째로, 평가를 통한 서열화가 목표인 경우는 우리나라의 현재 입시구조를 생각하면 된다. 이때는 교육과정의 요소 중 평가가 큰 비중을 차지하게 된다. 마지막으로 삶과 관련한 실제적 교육의 경우 사례 그리고 참여를 통해 실제 삶에 즉각적인 영향을 줄 수 있는 교육을 의미한다.

국가균형발전을 주제로 하는 교육은 이들 중 마지막, 즉 실제적 교육과 가장 관련이 있다. 물론 이전에 열거한 사항들이 국가균형발전을 다루는 것에 전혀 영향을 끼치지 않는 것은 아니다. 국가균형발전을 토대로 지식의 구조화를 생각해볼 수 있고, 실용적인 결과를 염두에 둔 교육 내용을 재구성할 수도 있다. 그리고 이 주제를 통해 등수를 매긴다면 서열화를 통한 평가의 한 방향일 것이다. 하지만 이러한 적용들은 결코 실제적 맥락에 있어서의 교육적 실천에 비길 수가 없다. 학생들은 자신이 사는 지역과 국가균형발전의 관계를 이해하며 이 문제에 대해 접근할 것이다.

교육과 국가균형발전이 만나게 된다면 먼저 학생들은 앞에서 말한 것과 같이 지역의 실제적 문제에 접근하여 보다 생활과 밀착한 사고와 실천을 할 수 있게 된다. 실제적 맥락은 학생들의 발달 단계와 경험 세계를 고려할 수 있기 때문에 현실과 동떨어진 이론과 비교해서도 훨씬 교육적으로 효과적이라고 볼 수 있다. 뒤에서 더 구체적으로 살펴보겠지만, 프로젝트 학습 등을 통해 학생들은 지역 사회의 문제들을 국가균형발전의 차원에서 접근해 문제 해결을 시도할 수 있다.

수도권이나 대도시에 사는 학생들과 지방 중소도시 및 읍면 지역에 사는 학생들 간의 관점 차이도 고려할 수 있는 교육적 관심사다. 처음 이 주제를 살펴볼 때 전자에 해당하는 경우 불편한 느낌이 들 수도 있다. 인프라나 환경 측면에서 어려움을 크게 못 느끼는 상황에서 쭉 살아왔는데, 다른 지방과 비교하면서 수도권 및 대도시의 인프라를 '나누어야(분산)' 한다는 말은 무언가 '상실'의 감정이 들 수도 있다. 하지만 교육의 현장에서는 나눔이 결코 상실과 연결되지 않으며, 오히려 삶의 질을 높이면서 모든 나라를, 그리고 국토를 골고루 잘 살 수 있게 만드는 방향이라고 강조할 수도 있다.

후자의 학생들의 경우 일종의 내재화된 지역에 대한 무기력함이 존재할 수도 있다. 어떤 학생들은 이러한 정책이 실제 추진되더라도 자신의 지역에서는 결코 있을 수 없는 일이라며 비현실적인 이야기로 치부하는 일이 있을 수도 있다. 교사는 이러한 일의 실제 실현 여부에 대해 진위를 따지는 것이 아니라, 학생들에게 지역의 엄연한 주체로서 '참여'하며 관심을 지속적으로 갖는 것이 중요하다고 강조해야 한다. 정책의 입안자나 사업의 주체가 아니더라도 일반 시민들도 국가균형발전의 부분이 될 수 있다는 점에서 '민주시민교육'의 한 형태로도 해석을 할 수 있다.

이러한 점들을 고려할 때, 교육과 국가균형발전이 만나게 되면 다양한 지역의 학생들은 몰랐던 다른 '세계'를 경험할 수 있게 된다. 원래 사람은 경험의 지평에 따라 사고하고 또 실천으로 그것이 연결된다. 국가균형발전은 몰랐던 세계와 이어줄 수 있는 일종의 망원경이다. 다른 세계를 경험한 학생들은 다른 지역에 대한 호기심으로 시작하여 문제를 해결하려는 관심까지 이어질 수 있다. 그리고 자신의 지역만을 생각하는 이기주의를 넘어, '똘레랑스(관용)'의 정신까지 이어질 수 있는 토대가 마련될 수 있다. 국가균형발전의 기저 정신은 '공존'의 가치다. 공존의 가치 아래에서는 어느 특정 지역만이 발전을 독식하려는 생각이 자리잡을 수 없다.

위에서 언급한 내용들은 큰 틀에서의 '국가균형발전교육'의 긍정적인 측면이라고 할 수 있다. 이번 단락에서는 크게 세 부분으로 나누어 논의를 접근하고자 한다. 첫째로 학생들이 지역 간의 상생의 가치에 대해서 이해를 하는 것의 중요성을 논해볼 것이다. 그 다음 둘째로, 학습 과정에서의 '탐구 능력'의 제고에 대한 이해를 고려할 것이다. 마지막 세 번째로, 학생들이 개별 지역(주로 거주하는 지역)에 대한 애착을 갖게 하는 일종의 '향토 학습'으로서의 장점에 대해서 이야기를 해볼 것이다. 구체적인 교육의 실현 양상은 교육과정과 접목되는 과정에서 더 구체적으로 나오겠지만, 국가균형발전교육의 당위성에 대해 이해하면서 필요성을 다시금 강조하는 기회로 삼겠다.

지역과 지역의 사이가 교육으로 들어온다면?

　학교 교실에서 가장 중요한 것은 나의 다른 사람과의 '거리'다. 이것은 감염병 예방을 위한 거리두기와 관련한 이야기가 아니다. 대화와 환대를 통해 타인과의 심리적 거리는 줄이고, '관계 형성'을 위한 친해지기 활동을 통해 물리적인 거리감까지 줄일 수 있다. 이러한 일련의 과정을 통해 학생들은 인간관계를 형성시켜 나가고, 성숙한 성인으로 자라면서 인간관계의 본질에 대해 조금씩 이해하기 시작한다.

　지역과 지역도 마찬가지이다. 물적, 인적 교류를 바탕으로 서로 물리적으로 떨어져 있는 지역들은 밀접한 관계를 형성할 수 있다. 서로 간의 상호작용을 늘리면서 함께 발전하는 방안을 모색하고, 나아가 비슷한 거리의 지역들을 중심으로 권역을 형성하여 공동의 이익을 모색한다. 이러한 관계에서 가장 중요한 것은 '신뢰'다. 지역 사이의 신뢰가 깨지는 순간 교류는 단절되고 공동 권역의 구상은 현실이 아닌 이상이 되어버린다. 아직도 우리 사회에서 현재 진행형인 '지역감정'도 지역 사이의 통합을 막는 장애물이다. 물리적으로도 가깝고 교류가 활성화되었을 때 분명 큰 이익이 기대가 되지만, 언급한 지역감정의 이유로 무산되는 지역권이 지도를 찾아보면 쉽게 찾아볼 수 있다.

　지역들 사이의 신뢰가 깨져왔던 대표적인 이유에 지역감정이 있었다면, 앞으로의 주요한 신뢰의 감소 요인은 '지역격차'일 가능성이 크다. 조금 더 구체적으로 말하자면, 발전의 불균형이 지역들의 반목을 새롭게 이끌어나갈 상수가 된다는 것이다. 학생들이 만약 기숙사에서 생활하는 학교가 있다고 가정을 해보자. 한번 결정하면 적어도 1년은 정해진 건물에서 생활해야 한다고 할 때, 그 상황에서 학생들에게 어떤 그룹에게는 작년에 준공한 건물을 기숙사로 주고 다른 그룹에게는 30년 된 낡은 건물을 준다면 어떤 반응이 나올까?

지역으로 치환하자면 작년에 준공한 건물은 인프라나 산업 기반, 그리고 정주 여건이 확실히 형성된 윤택한 지역이다. 그리고 30년 된 낡은 건물은 낙후되었으면서 발전에 필요한 요소가 없는 지역을 생각해볼 수 있을 것이다. 학생들에게 이러한 상황을 가정하는 일종의 사고 실험을 제안한다면, 어떤 건물을 배정받느냐에 따라 희비가 엇갈릴 것이다. 성적이나 보상의 획득 같은 '능력에 의한 결과적 평등'이 아닌 시작점부터의 '기회적 평등'이 어긋났기 때문에 상당한 불만으로 표출되게 될 가능성 역시 농후하다.

그렇다면 교사들은 학생들에게 이렇게 말할 수 있다. "우리 모두가 원하는 기숙사 생활실의 수는 한정되어 있고, 우리의 총인원은 그 숫자를 넘어선다. 우리들 중 누군가는 낡은 숙소에서 자야만 한다." 그렇다면 이 상황에서 다음 단계는, 누가 원하는 숙소에 들어갈지 최대한 공정하게 선정하는 것이 된다. 학생들은 이러한 사고 실험을 통해 일차적으로 인프라 등에 의한 지역 불균형이 어떠한 생각과 감정을 일으킬 수 있는지에 대해 인지하게 된다.

그리고 그 다음 단계는 이 문제를 학생 자치와 관련한 제도적 차원에서 해결할지 혹은 시설적 측면에서 접근할지에 대해 선택하고, 어떻게 이 문제를 해결할 수 있을까를 고민해야 한다. 학생과 교직원은 기숙사라는 국토를 운용할 수 있는 주체이고, 이러한 모든 주체들의 총합인 학교는 국가로 치환할 수 있다. 어떤 학생들은 1년이라는 기간을 6개월 내지 다른 구성원들이 공동으로 합의할 수 있는 시간으로 바꾸자고 제안할 수 있다. 이것은 자치 차원에서는 분명 좋은 논의이지만, 문제를 본질적으로 해결하지 못한다는 단점이 있다. 6개월을 윤택하게 살더라도 이사라는 비용을 통해 주거의 질을 아래로 내려야 한다.

이 상황에서 학교는 결단을 내려야 한다. 물론, 재정적 한계로 인해 구축 기숙사를 허물고 신축 기숙사 급의 건축물을 다시 올릴 수는 없다. 마치 현실 세계에서 서울을 똑같이 복사하여 다른 지역에 붙여넣기를 할 수 없듯이 말이다. 하지만 신축 기숙사가 가지고 있는 요소를 구축 기숙사에 도입하는 방안은 충분히 검토할 수 있을 것이다. 재정이 허락한다면 '리모델링'이 가장 좋겠지만, 그것이 안 된다면 하자 개선과 쾌적한 주거 환경 조성을 우선적으로 해야 한다. 편의 설비 역시 신축에 못지않게 갖추는 것이 불만을 완화할 방안이 될 것이다.

학생들은 이를 통해 불균형한 '국토'의 배분이 가져올 수 있는 마주하고 싶지 않은 현실에 대해 이해하게 될 수 있다. 누구나 감정이입을 통해 내가 경험하지 못한 세계를 접하지 못한다면 그 세계와 벽을 쌓고 살기 마련이다. 그리고 지역감정이라는 개념이 이전에는 단순히 역사적인 관점에서만 원인을 찾았더라면, 이제는 객관적인 '현실적 격차'에서 그 원인을 찾을 수 있다는 것도 발견할 수 있을 것이다. 학생들이 기숙사 문제로 갈등을 빚은 것은 역사적인 배경이 아니라, 객관적으로 존재하는 실재 그 자체였기 때문이다.

또한 학생들에게 이와 같은 사고 실험의 기회를 부여하게 된다면, 현실 세계에서 일어날 수 있는 문제에 대해 대처하는 능력을 길러줌과 동시에, 국가균형발전의 필요성에 대해서도 이해를 시킬 수 있다. 처음에 학생들이 시도하는 문제에 대한 이해 능력이나 문제해결 능력의 경우 간단한 문장 수준에 그칠 것이다. 하지만 이것의 분량을 점진적으로 늘리는 방안을 선택한다면, 학생들은 점점 불균형 문제에 대해 구체적인 방향으로 서술할 수 있는 능력을 갖추게 될 것이다.

국가균형발전교육의 방향을 큰 틀에서 다시 설정하자면, 먼저 국토의 불균형한 발전에 대해 이해를 시킨다. 이것은 충분한 근거와 예시 자료가 뒷받침되어야 한다. 그 다음으로, 불균형한 발전에 대해 감정이입이 일어나도록 하고, 현실적 문제에 대해 개선의 의지가 일어날 수 있는 방향으로 교수 활동이 일어나게 해야 한다. 이때, 학생의 거주지에 따라 교육의 양상은 충분히 달라질 수 있다. 수도권에 거주하는 학생의 경우 인프라의 혜택을 받지 못하는 지방에 거주하는 상황에 이입을 하여 필요성에 대해 인지하는 활동을 할 수 있다. 반대로 지방에 거주하는 학생들의 경우, 자신의 경험을 떠올리며 불편함의 종류와 이유 등에 대해 더 구체적으로 이야기할 수 있는 기회가 마련될 것이다.

마지막 단계는 한 마디로 학생의 주체성과 타인과의 협력이 드러날 수 있는 프로젝트형 학습이라고 할 수 있다. 학생은 이러한 문제를 해결하기 위한 방안을 제시하기 위해 모둠 학습에 참여한다. 문제 해결을 위한 단발성 의견에 그치는 것이 아니라, 충분한 근거를 수반하는 제안들을 제시한다. 또한 이 상황에서 학생들은 보다 나은 설득력을 위해 사진 혹은 지도 자료를 활용하게 되는데, 어떠한 자료를 적시에 적절하게 활용하는 것이 효과적인지도 학습할 수 있게 된다.

교육 현장에서 교사가 심도 있게 보아야 할 부분은 학생들이 적절한 근거와 함께 충실히 논리를 펼치는지의 여부와, 인과관계를 올바르게 설정하는지에 관한 문제다. 이를테면, 촌락 지역이 계속 쇠퇴의 길을 걷고 있는 문제를 '인구의 유출'에서 원인을 찾고 있다면 이것은 인과관계의 오류가 발생한 것이다. 인구 유출은 결과이고, 그것을 초래한 다른 원인들을 찾을 수 있는 것이 오류를 수정할 수 있는 피드백의 방안일 것이다. 또한 학생들은 자신들이 가지고 있던 기존의 경험 세계에 근거하여 근거를 설정하게 될 가능성이 높은데, 이때 교사가 그것의 타당성을 면밀히 고려하여 적절한 답변을 주는 것이 중요하다고 할 수 있다. 잘못된 논리는 교수자의 적극적인 수정 없이는 쉽게 고쳐지지 않는다.

또한 현장학습 역시 국가균형발전교육과 연계하여 꼭 필요한 교육적 형태라고 볼 수 있다. 최근 학교 현장에서는 교수 매체의 발달로 인해서 각종 영상 자료나 부가 학습 자료(도서 등의 형태)가 많이 보급되고 있지만, 현장학습의 효과를 넘기가 쉽지 않다. 현장학습을 진행하게 되면, 학생들이 보다 생생하게 실태에 대해 인식할 수 있다는 장점이 있을뿐더러, 사회에 스스로 참여하고 있다는 의식이 들 수 있다. 그리고 여기에 덧붙여, 단순 '체험형' 학습보다는 현장 교수자(해설사 등)가 함께하는 학습의 형태가 더 효과적일 것이다. 체험에 그칠 때 발생할 수 있는 앎의 공백을 현장 교수자가 채울 수 있기 때문이다.

국가균형발전교육이 적용될 수 있는 교육 현장의 영역은 '지역화 교과서'를 생각해볼 수 있다. 초등학교 중학년 시기(3~4학년)에 광역 혹은 기초자치단체의 단위에서 지역에 대해 자세히 배우는 교과서가 나온다. 이것은 아동이 경험 세계의 단계적 확장에 따라 인식을 넓혀간다는 '환경 확대법' 원리에 그 근거를 두고 있다. 지역화 교과서를 통해 학생들은 자신들이 살고 있는 지역에 대해 자신의 경험과 결합하여 보다 구체적으로 이해할 수 있다.

이것에 국가균형발전에 대한 생각을 결합하여, '자신의 지역 내에서의 균형발전' 그리고 '다른 지역과 우리 지역을 비교할 때 균형발전의 필요성과 방향'까지도 확장될 수 있을 것이다. 중요한 점은 내가 살고 있는 지역 안에서 균형발전이 일어나고 있는지에 관해 생각해보는 것인데, 내가 살고 있는 곳은 국가균형발전의 가장 기초적인 단위라는 점에서(국가균형발전의 원리를 이곳에 적용해볼 수도 있다) 꼭 생각해볼 문제라 볼 수 있다. 다른 지역과의 비교의 경우 학생들의 인식 수준을 고려하여 교사가 학생의 지리적 인식 수준을 고려해 선택적으로 재구성하는 방안도 생각해볼 수 있을 것이다.

마지막으로 국가균형발전교육을 교육 현장에 도입할 때 주의할 점에 대해서 이야기해보자면, 교육 방향이 '객관적 정책'과 연결될 수는 있겠지만 '정치적 성격'과는 명백히 거리를 두어야 한다. 여기서 객관적 정책이라는 수식을 붙인 이유는 정책을 내용 그 자체나 역사적 배경에 의해 설명을 할 수는 있겠지만 특정 정권에 대한 가치 판단 등이 개입되어서는 안 된다는 것이다. 정치적 견해는 교육 자료에도 섞여서는 안 되고, 교사의 개인적 견해에서도 묻어나서는 안 된다. 교육에서의 정치적 중립 유지를 위해서다. 물론 국가균형발전이 특정 정당이나 정치인에 의해 강하게 지지를 받는 가치 혹은 정책일수도 있다. 그렇지만 이것은 역사적 배경에서의 객관적인 사실 이외에는 '가치의 개입'을 금해야 한다.

이번 단락을 통해 국가균형발전이 교육 현장에서 어떻게 학생들에게 다가가야 하는지 전체적인 틀에서의 접근을 해보았다. 학생들이 이해하며 실천하려는 의지를 가질 수 있고, 어떻게 그걸 실천할지에 대해 고민해보는 시간이 바로 이 단락을 이루는 주된 골자다. 이 글에서 제시된 내용에 그치지 않고 독자의 경험 세계와 결합하여 어떻게 국가균형발전을 보다 교육 현장에서 빛내게 할 수 있을지를 독자 개별적으로도 고민해볼 수 있을 것이다. 그리고 그러한 고민들은 각자의 '지역'에서 그 지역에 맞게 독창적인 색깔을 낼 수 있을 것이다. 국가균형발전의 시작은 사고를 공유하는 다양한 개별적 주체들의 연대를 통해 일어날 수 있다. 그 시작은 바로 교육이고, 국가균형발전교육이 그 시작을 선도해나갈 것이다.

국가균형발전, 어떻게 탐구하고 조사할까?

국가균형발전은 시기에 따른 이슈의 중요성과 현실에 대한 참여의 성격이 강한 주제라 볼 수 있다. 그렇기 때문에 여러 탐구 방법이 도입될 수 있다. 단순히 지식 전달을 위한 일제식 혹은 강의식 수업으로는 학생들의 공감과 정확한 이해, 그리고 실천에 대한 의지를 환기하기가 어려울 것이다. 하지만 학생들이 직접 '움직이면서' 배우는 수업이 이루어진다면, 훨씬 더 이해와 실천이 용이해질 수 있게 된다.

먼저, 국가균형발전교육에 있어서 효과적인 방법으로 제시하고자 하는 수업 방안은 '프로젝트 수업'이다. 여상한(2016)에 의하면 프로젝트 수업의 경우 주어진 과제 혹은 학생들이 스스로 찾은 과제에 대해 집중적인 탐구를 통해 학생이 관련 내용에 대해 깊게 이해할 수 있는 학습 형태로 규정할 수 있다.[28] 프로젝트 수업의 경우 학생의 자기 주도적 학습 능력을 신장함과 동시에, 협업 능력까지 기를 수 있다는 점이 장점이다.

프로젝트 수업의 경우 일반적으로 목적을 초기에 설정하고 계획을 세우며, 실행과 평가를 이루는 과정을 통해 학생들의 주체적인 탐구를 도모하는 경향으로 이어진다고 볼 수 있다. 수업의 형태는 개인별 활동에서부터 모둠, 또는 학급 전체의 활동으로까지 확장될 수 있다. 중요한 것은 교사의 개입은 학생들의 도움이 필요한 부분에 대해 버팀목을 제시하는 것이지 그 이상의 일방적 교수는 최대한 지양하도록 해야 한다. 학생들은 주체적으로 자료를 찾으며 자신들의 목표와 계획에 따라 결과물을 만들어낼 수 있다.

특히 필수적인 것이 교수와 학습의 보조 자료인데, 최근 들어 태블릿 PC 등을 활용한 수업이 늘어나고 있다. 이것은 개별 학교의 재정적 상황에 따라 차이가 있을 수 있지만, 정보화 기기의 보급 확대에 따라 수업에의 이용 가능성이 더 늘어나고 있다. 혹은 컴퓨터실의 활용이나 학생들의 가정에서의 과제와 학교에서의 활동을 결합한 '거꾸로 수업(플립드 러닝)'을 도입하는 방안도 개별 교사의 재량에 따라 생각할 수 있을 것이다.

이러한 프로젝트 수업의 단계에 비추어 보았을 때, 학생들은 국가균형발전에 대하여 어떠한 이유로 목표를 가지고 계획을 수립한 후, 실천을 해야할 지 생각해볼 수 있는 계기가 될 것이다. 하지만 한 가지 염두에 두어야 할 점은, 교사가 과제를 부여할 때 학생들이 충분히 이해할 수 있으며 도전적으로 시도할 수 있는 것이어야 한다는 점이다. 이것에 대해서는 경험적인 차원에서 학생들이 이미 보유하고 있는 배경지식이 큰 도움이 될 수 있다. 이것들이 다른 사고를 촉진하는 원동력이나 질료의 역할을 하게 되는 것이다.

그리고 프로젝트 수업을 통해 학생들은 국가균형발전에 대해 무언가를 '이룰 수 있다'는 효능감을 느끼는 것이 필요하다. 특히 촌락 내지 지방 중소도시의 학생들의 경우 자신들이 직접 설계한 대안이 프로젝트를 통해 다른 사람들에게 공개되었을 때, 자신들이 느낄 수 있는 만족감이 자신이 살고 있는 지역 사회의 문제를 조금이나마 해결할 수 있다는 점에서 클 가능성이 높다. 그리고 학생들이 이러한 국가균형발전관에 입각한 교육적 제안을 하게 된다면, 그것을 어떻게 현실화 할 것인지에 대해 생각해볼 필요가 있다. 아무리 충분한 디자인이 나오더라도 그것이 현실에 접목되었을 때 어떻게 결과를 낼지 생각해 볼 필요가 있는 것이다.

마지막으로 프로젝트 수업을 통해 대한민국의 전체적인 균형발전에 대해 조망해볼 수 있다는 장점이 있다. 프로젝트 수업을 통해 학생들은 자신이 거주하고 있는 지역뿐만 아니라 주변 혹은 관련이 높은 지역들에 대해 더 고찰할 수 있는 기회를 가지게 된다. 이런 경우, 학생들은 보다 더 자신이 영위하고 있는 환경에 대한 객관적인 접근이 가능하게 되고, 어떤 식으로 사회 체계에 접근할지 고민하게 될 수 있다. 그리고 지역들의 경우 독자적으로만 존재할 수 있는 것이 아니라 다른 지역과의 교류와 연계를 통해 존립할 수 있다. 그렇기 때문에 전체적인 '관점'을 유지하면서 지역을 보는 것은 중요한 요소라고 할 수 있다.

다음으로, 국가균형발전의 관점에서 꼭 필요한 형태의 교육은 광역자치단체와 기초자치단체를 연계하는 맞춤형 시사 교육의 형성이다. 학생들은 지명은 경험적으로 인식할 수 있지만, '자치단체'라는 행정적 구분과 지리적인 지명 구분을 혼동하거나 구분하지 못하는 경우가 많다. 이를테면, 섬이라는 의미의 제주도(濟州島)와 행정자치구역인 제주특별자치도(齊州特別自治道)를 구분하지 못하는 것을 예로 들 수 있다. 지리적 구분으로서의 지명과 자치단체에 대해 이해를 하고, 전국의 광역자치단체와 기초자치단체에 대해 먼저 아는 것이 이 교육에 대한 선행 요건이라고 할 수 있다.

그런 다음 이루어져야 할 것은 의미 그대로 '시사' 자료를 활용한 교육이다. 언론 기사나 칼럼, 혹은 글이 아닌 멀티미디어 형태의 뉴스 등을 이용할 수 있을 것이다. 그렇다면 어떠한 주제를 설정하여 수업을 구성할 수 있을까? 국가균형발전과 관련한 주장이나 정책의 시행, 혹은 국가균형발전의 방향 혹은 구체적인 실행에 대한 비판점 등을 생각해 볼 수 있을 것이다. 국가균형발전이 꼭 필요한 이유를 말한 내용의 기사나 국가균형발전의 정책 중 일부인 혁신도시 등에 대한 비판점 등을 예시로 거론할 수 있다.

하지만 이때 중요한 것은, 광역자치단체와 기초자치단체가 언급되는 차원의 국가균형발전에 대한 내용이 꼭 나와야 한다는 것이다. 이러한 행정구역들의 경우 정책 시행의 기본적인 단위라고 할 수 있다. 국가균형발전 정책이 시행되면 광역자치단체들 간, 혹은 기초자치단체들 간의 협력과 교류, 또는 갈등과 반목이 생기게 된다. 그렇기 때문에 이러한 현상에 대한 이해와 분석은 필수적이라고 할 수 있다.

수업에 활용할 자료의 요건으로는 첫째, 비교적 최신의 것이어야 한다. 가까운 시기의 문제일수록 문제 해결의 필요성이 더 클 가능성이 높기 때문이다. 둘째, 학생이 친숙할 수 있는 범위의 문제를 활용하는 것이 유리하다. 예를 들어, 충청권에 거주하는 학생들의 경우 세종시나 내포 신도시, 또는 충북혁신도시 등의 사례를 들 수 있을 것이다. 수도권 학생들의 경우 '수도권 개발 규제' 정책 등에 관한 토론 수업도 가능하다. 이렇게 학생이 친숙하게 다룰 수 있는 범위의 문제를 자료로 활용하게 되면, 흥미와 참여를 더 고취시킬 수 있다는 장점이 있다. 셋째, 찬반 토론이나 대안을 제시하는 토의의 형태로 구성하기 쉬운 주제가 유리하다. 토론 혹은 토의를 준비하게 되는 과정에서 학생들은 내용에 대해 보다 충실하게 조사하게 되고, 주제에 대해 자신만의 관점을 더 구체적으로 형성할 수 있다는 장점이 있다.

자료를 활용할 때 주의해야 할 점은, 앞에서도 강조하였듯이 특정 정파나 정치적인 견해가 깊게 들어간 것은 피해야 한다. 이런 것들의 경우 정치적 중립성의 문제도 있지만, 객관적인 분석에 근거한 것이 아니라 특정 집단이나 정파의 이익이 반영된 것들이 많기 때문이다. 국가균형발전교육의 목표는 '특정 이익으로의 도구화'가 아니라 '국가의 장기적인 발전에 대한 관점 형성'에 있기 때문이다.

또한 학생들이 단순히 기사에 내포된 생각을 이해하는 차원이 아니라, 비판할 수 있는 환경과 배경을 설정해주어야 한다. 특히 칼럼 등의 글의 경우 필자의 생각이 강하게 드러나는 경우가 많기 때문에, 교사가 일종의 '사회자'의 역할을 통해 중심을 잡아 두는 것이 필요하다. 비판적 사고력은 또한 사회과 교육과정에서도 규정하는 핵심 역량이라고 할 수 있는데, 학생들이 비판적 접근을 통해 글에 대해 심층적으로 접근한다면 해당 역량의 신장 역시도 기대할 수 있을 것이다.[29]

한편 마지막으로, 현장학습을 국가균형발전에 도입하여 학생들이 실제로 배우고 있는 내용의 장으로 가서 생생하게 배울 수 있다. 현장학습지로의 단순한 방문은 큰 의미가 없고, 기관 방문을 통해 관계자나 전문가의 설명을 듣는 것이 더 효과적이다. 예를 들어, 국가균형발전을 위한 교통과 산업(사회간접자본) 건설에 관한 내용을 다룰 때, 이러한 정책을 주관하는 부처나 전문가의 해설을 듣는 시간을 마련하는 것을 고려할 수 있다.

현장학습은 실제적인 지식을 얻을 수 있다는 장점 이외에도 현실의 문제에 대해 고민하며 또 다른 문제점에 대해 생각해볼 수 있게 한다는 점에서도 긍정적인 면이 있다. 이것은 이론과 현실의 차이에서 기인한다고 볼 수 있는데, 자료나 교재와 같은 이론의 장에서 발견하지 못한 면을 학생들은 현장학습을 통해 찾아낼 수 있다. 그리고 이러한 것들은 학생들의 인식 체계에서 새롭게 조합되어 또 다른 지식으로 응용력을 발휘할 가능성도 충분히 있다.

현장학습 이후에 학생들이 마인드맵, 소감문, 질문 만들기 등의 기초적인 형태에서부터 토론 논제 설정 후 토론 진행하기, 국가균형발전 신문 만들기, 캠페인 구상하기 등의 심화, 적극적인 형태의 활동으로까지 나아가도록 해야 한다. 이러한 활동은 학생들의 이해에 대한 평가뿐만 아니라, 응용력을 기르는 것에 목표가 있다. 단순히 '수용'하는 식으로는 단편적 지식이 산발적으로 머릿속에 남는 것에 그치게 될 것이다.

프로젝트 학습, '광역 및 기초자치단체와 연계한' 시사학습, 그리고 현장학습은 모두 개개의 특징이 명확하고 그것이 얻을 수 있는 효과 역시도 다양하다고 할 수 있다. 이러한 접근들에 있어 중요한 것은 학생들의 주체적인 참여와 흥미, 그리고 지역사회 및 국가균형발전에 대한 현실적 지식의 체득이라고 할 수 있다. 이러한 목적의 달성은 교육의 여러 주체들의(교사, 학생, 학교, 지역사회, 학부모, 교육계 등) 관심과 협력을 통해 가능하다. 위에서 열거한 세 가지 방법 이외에도 다양한 방법이 고안되어 국가균형발전교육이 활성화될 수 있는 계기가 만들어지기를 바란다.

지역에 대해 애착을 '느껴야 한다'

낙후된 지역에 거주하는 학생들은 대개 발전된 지역을 자신의 이상향으로 삼는 경우가 많다. 나고 자란 지역은 떠나야 할 이유들로 점철이 되고, 발전된 지역으로의 이주가 삶의 목표가 되게 된다. 살고 있는 지역의 '낙후성'은 떠나고 싶은 마음의 핵심이라고 할 수 있다. 삶의 준거가 되는 지역은 삶의 영위를 충분히 만족시키고도 남을 '기능'을 보유하고 있고, 중심지도 체계적이며, 인프라가 높은 수준으로 형성되어 있다. 그에 반해 살고 있는 지역은 기능이 미비하며 중심지나 인프라가 없다시피 한 것에 실망을 하게 되는 것이다.

이러한 관점에 대해 긍정적인 시각으로 접근하여, '살고 있는 지역을 더 발전시켜 보다 나은 지역과 공동체를 만들고 가꾸어 나가는 것은 어떨까?' 식의 사고를 촉진하는 발문을 해볼 수도 있다. 하지만, 학생들은 이러한 발문에 대해 일차적으로 무력감으로 반응할 가능성이 높다. 그들의 경험세계에서는 적어도 발전이란 체감할 수 없던 일이며, 앞으로도 요원할 일이라고 인식되기 때문이다.

사실 발전의 상태나 앞으로의 발전 가능성에 대한 인식은 불확실하거나 일어나지 않을 미래를 가정하고 말해서는 안 된다. 특히나 교육의 영역은 검증되지 않은 정책의 홍보의 장이 되어서는 안 된다. 하지만 발전에 대한 의지와 바람은 결코 경시될 수 없는 가치이며, 지역의 연속성을 유지하는 데 필수적이라고 할 수 있다. 그리고 지역의 발전에 대한 의지나 바람은 기본적으로 '지역에 대한 애착심'에서 형성된다.

지역에 대한 애착심은 흔히 '애향심'이라는 말로 통용되어 왔다. 이 말은 주로 타지에서 성공한 인사들이 고향에 돌아와 지역 사회를 위해 봉사한다는 선언(주로 정치 입문의 선언인 경우가 많다)의 수사로 활용되거나 혹은 소지역주의로 대표되는 지역 이익의 수호의 장에서 사용되고는 했다. 대표적인 사례로 제시한 두 사례의 공통된 속성을 제시하자면, 모두 지역이 사적 혹은 공적 이익의 '도구'로 활용된다는 점이다. 여기서 공적 이익은 우리가 흔히 생각하는 모두의 이익과 부합하는 공익과는 다른, 좁은 범위의 집단의 이익을 지칭한다.

그리고 박은종(2007)에 따르면 지역에 대한 애착심과 관련된 교육은 교육과정에서 국가주의적 접근에 대한 비판과 더불어 '보수성'의 산물로 비판되어 왔다.[30] 지역에 대한 애향의 정신은 결국 국가에 대한 충성과 결부되어 '순응적인 국민'을 육성하는 것에 그 목적이 있다는 점이 이러한 의견의 기저에 있다고 볼 수 있다. 현 시대의 '생각하는 민주시민'을 강조하는 분위기에 비추어 볼 때 지역에 대한 교육관이 향토 사랑을 강조하는 것에서 사회과학적, 혹은 참여적 접근으로 바뀐 것은 당연한 결과일 수 있다.

필자는 이러한 패러다임을 역으로 전환하여 지역에 대한 애착심을 기를 수 있는 교육을 오히려 강화해야 한다고 주장하고자 한다. 이것은 국가주의, 혹은 공동체주의에 대한 강조와는 별개로 한 지역 그 자체에 대한 애착과 관심이라고 할 수 있다. 즉, 도구화로 전락하는 것이 아니라 목적 그 자체가 되어 지역의 발전에 대한 의지에 긍정적인 영향을 줄 수 있다. 그리고 지역에 대한 애착심은 자신의 출신인 '고향'만을 생각하는 것이 아니라, 성장하여 생활하기 시작한 지역에도 당연히 적용되게 된다.

지역에 대한 애착을 이전 시대의 교육에서는 지역에 대한 객관적인 사실(주로 개관이라는 범주로 분류된다)에 대해 몇 차시에 걸쳐 배우는 식으로 운영하며 자연스럽게 '애향심'이 함양되기를 기대하는 식으로 운영이 되었다. 하지만 이러한 방식은 인과관계가 불분명하며, 지식이 의지와 정서로 연결되는지에 대해서도 회의가 크게 들 수 있다. 본래 애착심은 지식보다는 체험에서 느껴질 수 있다. 그리고 이러한 체험의 장은 학교라는 단일한 공간뿐만 아니라 여러 교육을 둘러싼 주체들의 상호작용을 통해 자리가 빛나게 될 수 있을 것이다.

지역에 대한 애착심을 기르는 방편으로, 첫째, 마을 공동체와 협력하는 교육의 형태를 활성화해야 한다. 이러한 교육은 '마을교육 공동체'라는 이름으로 전국 각지의 교육청(혹은 교육지원청 단위)에서 실시가 되고 있다. 경기도교육청의 경우 교육을 중심으로 지역 사회의 여러 주체들이 상호작용하여 '마을교육'을 실시하는 방안에 대해 발표한 적이 있다. 마을의 인적, 물적 자원을 활용해 교육 현장에 '생활 속 교육'을 도입하고, 학교의 인적 네트워크도 지역 사회에서 평생교육에 활용하는 방안을 강구한 것이다. 그리고 또한 협동조합을 통해 매점이나 교복, 급식 등 학교 운영에 필요한 제반 시설 및 용품 등에 관하여 지역사회와 교육이 함께 연계하는 방안도 고려한다고 하였다.[31] 마을 공동체를 활용한 교육의 장점은 우선 학생들이 흥미를 마을 속에서 찾을 수 있다는 것이다. 보통 성장기에 지역에 대한 애착심이 다른 지역으로 향하게 되는 이유 중 큰 원인은 자신의 생활공간에서 재미를 찾지 못하는 것인데, 이러한 부분에 대해 조금이라도 지역사회 차원에서 학생들의 지역에 대한 애착을 제고할 수 있을 것이다. 그리고 또한 마을을 통한 교육이 단발성이 아니라 생애 주기에 따라 연속적으로 이루어지게 될 경우, 학생들은 보다 지역사회와 긴밀한 관계를 형성하며 성장하게 될 수 있다. 마을에서 활동하는 교육가들은 지역과 관련한 영향력을 학생들에게 계속 줄 수 있기 때문이다.

주의해야 할 점은, 이 모든 교육은 학교의 정규 '교육과정'의 틀 안에서 이루어져야 한다는 것이다. 마을 교육은 지역사회의 색을 잘 전달할 수 있는 매개체지만, 학생들에게 교육할 내용들의 경우 몇 단계에 걸친 검증이 필요하다. 1차적으로 교육청 혹은 교육지원청과 마을교육공동체 사이의 협의와 그를 통한 기준의 통과 과정이 필요하고, 2차적으로 개별 학교 차원에서의 협의와 교사의 참관지도 등이 필요할 것이다. 이러한 점에 유의하면서 마을 교육의 자율성을 보장한다면 지역과 함께 성장하는 학생들의 모습이 성큼 다가올 것이다.

다음으로, 교사의 자율성을 확대하여 '지역과 친해질 수 있는 수업 차시'를 만들 수 있도록 해야 한다. 정해진 교재가 없이, 교사와 학생이 만들 수 있는 차시가 '구성 차시'라는 이름으로 초등 저학년의 통합 교과를 중심으로 운영되고 있다. 이러한 시간처럼 교사와 학생이 지역에 대해 체험할 수 있는 시간으로 자율적으로 채울 수 있게 하는 것이다. 마을과 연계한 교육의 경우 학교–지역의 상호작용이 잘 이루어진다면 체험과 자율성의 두 마리 토끼를 잡을 수 있을 수 있는 사례라고 할 수 있다.

이러한 교사의 차시 운영에 대해서는 자율성과 전문성을 최대한 존중하면서, 유관 기관의 협력을 최대한 이끌어 지원을 하는 방향을 추진하는 것이 바람직하다고 생각한다. 우선 수업을 설계할 때 가장 도움이 절실한 부분이 '어떤 자원을 활용할 수 있을까?'에 관한 부분이다. 만약 지역 사회에서 가용한 교육 자원이 존재한다면, 이를 활용하여 학생들이 지역을 체험하며 더 깊게 알 수 있는 기회가 마련될 것이다.

　교사가 만약 '지역의 옛 중심지를 찾아서'라는 차시를 계획한다고 가정해보자. 그렇다면, 우선 현장 답사를 통한(현장학습) 수업을 고려해볼 수 있다. 이럴 경우 단순히 교사가 방문하려는 장소에 가서 학생들과 지도를 보며 이야기하는 것으로는 실질적인 교육 효과를 이루기가 어렵다. 특히 이렇게 '지역적인' 지식의 경우, 교사의 전문성을 넘어 직접 그 지역을 인생의 흐름과 함께 살아본 사람이 더 깊은 앎을 지녔을 수도 있기 때문이다. 그렇기 때문에, 그 지역에 대해 잘 아는 소위 '전문가'를 해설사로 초빙하여 지역의 중심지의 변천에 대한 수업에 도움을 줄 수 있게 할 수 있다. 이러한 전문가의 초빙과 같은 지원은 지역 사회와 교육청, 혹은 일선 학교와의 연계를 통해 지원이 가능할 수 있는 부분이다. 학생들이 교사가 자율적으로 구성한 수업에서 지역 사회에 대해 깊이 있게 공부를 할 수 있는 기회가 생긴다면 얼마나 지역에 대한 애착을 촉진할 수 있을 것인가? 필자는 상당한 도움이 될 수 있다고 생각한다.

　한편, 세 번째로 학생들의 지역에 대한 애착을 제고할 수 있는 방안은 지역 사회와 연계한 문화 활동을 장려하는 것이다. 문화 활동의 범위가 광범위하기 때문에, 마을교육공동체나 학교에서 준비한 수업 내용에서도 이와 겹치는 부분이 생길 수도 있다. 이 부분만의 차별점을 고려하자면, 바로 지역과 연결을 지은 어린이 및 청소년들의 또래 문화(이것은 사회학적 관점에 따라 하위 문화 등의 표현으로도 일컬어질 수 있다)를 활성화시키는 것이다.

실제로 중소도시 혹은 촌락 지역에서 학생들이 심리적으로 고장을 떠나려는 큰 이유 중 하나가 문화의 미비이다. 이것을 단순히 인프라의 부족으로만 생각해서는 안 된다. 영화나 게임 등과 같은 '오락성'이 있는 매체들의 경우 충분히 대도시라는 물리적 공간에 가지 않더라도 디지털 기기 등을 이용해 충족이 가능한 것들이다. 하지만, 직접적인 접촉을 통해서 만들어낼 수 있는 문화들의 경우 자신의 고장에서 충족이 되지 않을 경우에 다른 지역으로 눈을 돌릴 수밖에 없다.

어린이와 청소년들의 또래 문화는 흔히 기성세대에 의해 '탈선으로의 비상구' 등으로 여겨지기도 했지만, 그것은 일종의 편견이다. 학생들은 또래들과 영역을 형성하며 댄스, 힙합, 가요 등의 예체능, 혹은 유행(온라인 상에서는 '밈'이라는 이름으로 전파되기도 한다)을 접목한 자신들만의 문화를 서로 공유하며 일상을 즐거움으로 채운다. 이러한 어울림에 대한 욕구가 고장 내에서, 즉 지역 사회 안에서 성공적으로 이루어진다면 학생들의 지역에 대한 애착은 더 높아지게 될 것이다.

더욱이 어린이 및 청소년들에게 문화적 공간과 기회를 제공하는 것은 지역 사회의 콘텐츠 개발에 일조할 수 있다. 이를테면, SNS와 같은 온라인 플랫폼을 활용하여 즐기는 문화가 서로 공유면서 지역에 대한 홍보 효과를 기대하는 방안도 생각해볼 수 있을 것이다. 그렇게 될 경우 자연스럽게 다른 지역과의 문화적 교류가 확대되면서 지역의 다른 부문에도 활력을 줄 수 있게 될 것이다.

이번 단락에서는 학생들이 지역에 대해 애착을 갖는 것의 필요성에 대해 논해보고, 어떻게 애착을 형성하게 만들지에 대해 교육 현장과 연계한 '방법론'을 함께 살펴보았다. 중요한 것은 교육 주체들의 자율성과 상호작용을 통한 교육의 실천이다. 어느 지역에 대해 마음이 떠나는 것만큼 지역 인구 유출에 방아쇠를 당기는 것은 없다. 지역에 대한 애착을 살리는 교육을 통해 국가균형발전의 기초가 튼튼해지기를 기원한다.

02
국가균형발전교육,
교육에 퐁당 빠지다

    이 장의 전반부에서 이해, 탐구, 애착이라는 세 가지 큰 틀에서 어떠한 접근을 할지에 대한 일반론을 다뤘다면, 지금부터 이어질 후반부에서는 어떠한 식으로 구체적인 수업을 구상할 수 있을지에 대한 세부적인 논의를 해보려고 한다. 학교 현장은 정해진 시수를 이수하기 위해 교과와 창의적 체험활동(초·중등 교육과정에서 교과 외의 다양한 활동을 위해 편성된 시간이다. 예전에는 재량 활동 등의 이름으로 불리었다)으로 이루어진 시간표가 부단히 흘러간다. 여기에 이러한 교과와 창의적 체험활동과 연계한 다양한 활동들이 더해져 학생들의 학습해야 할 내용들은 늘 교실 문을 두드린다.

    국가균형발전은 그것의 목표나 사회적인 중요성, 그리고 실현 방안에 대한 방법적 체계 등을 고려할 때 교육 현장에서 충분히 다룰 가치가 있다. 이미 개별 교과서가 존재하는 독도 또는 다문화 교육의 사례를 고려할 때, 국가균형발전 역시 시기, 사회적 중요성에 공감대가 충분히 생겼을 때 그와 같은 독자적인 영역을 구축할 수도 있을 것이다. 하지만 일차적인 순서는 학교에서 진행되고 있는 교육과정에서 국가균형발전이 교육적 주제로서 인정을 받는 것이다.

교육적 주제로서 인정을 받기 위해서는 몇 가지 조건들을 생각해볼 수 있다. 첫째, 학생들의 이해 수준 안에 있는 것이어야 한다. 국가균형발전은 물론 어려운 주제임은 확실하다. 하지만, 학생들의 경험세계로 축소시켜 교육이 가능하다는 점도 생각할 수 있다. 그리고 국가균형발전이 교육적 주제로 연결될 수 있는 가장 큰 장점은 예시가 충분히 많다는 점이다. 학생들은 이러한 예시들을 통해 좀 더 구체적인 이해가 가능하고, 국가균형발전의 필요성과 내용에 대해 쉽게 알 수 있을 것이다.

둘째, 사회적인 영향력이 있되, 그것이 일회성으로 그쳐서는 안 된다. 교육과정 상의 용어로 '계기 교육'이라는 용어가 있다. 시기 혹은 계절에 따라 다룰 가치가 있는 주제, 혹은 중요한 사회적인 이슈에 대해서 학생들의 이해를 촉진하기 위해 실행하는 교육을 의미한다.[32] 실제 학교 현장에서는 현충일 혹은 제헌절과 같은 역사적인 의미가 있는 날에 관하여 계기 교육을 통해 학생들에게 의미를 되새기는 시간을 가지기도 한다. 계기 교육의 주제가 되는 것들의 경우 단발성으로 끝나기보다는 해를 걸러 꾸준히 할 수 있는 내용의 주제들이 많이 선정이 된다. 국가균형발전 역시 차후에 설명하겠지만 교과 연계나 창의적 체험활동 연계, 혹은 방금 언급한 계기 교육 등의 형태에서 꾸준히 다루어질 수 있는 주제이다.

셋째, 사회적으로 긍정적인 영향력을 끼칠 수 있는 주제여야 한다. 사회의 경제적인 이익 증대의 경우, 공리주의적 가치가 전적으로 신봉되는 사회라면 교육의 필수 조건으로 채택이 될 수 있다. 하지만 우리가 살아가는 현대 사회는 여러 가치가 혼재하며 '다원성'이 강조되는 사회이다. 그렇기 때문에 여러 가치들을 긍정적인 방향으로 충족시킬 수 있는 방편을 고려하는 것이 적절하다. 사회적으로 긍정적인 영향력을 끼치는 주제들의 경우 사회를 존속시키며 다수의 '행복'을 지향할 수 있는 가치를 함축한다는 것이 특징이라고 할 수 있다. 국가균형발전의 가치는 기본적으로 지속 가능한 사회를 지향하며, 균형에 의한 다수의 행복을 지향한다. 그러한 점에서 이 조건 역시도 국가균형발전의 필요성에 부합한다.

이러한 점들을 살펴볼 때, 국가균형발전이 교육적 주제로 충분히 활용이 가능할 수 있음을 생각해볼 수 있다. 물론 이러한 조건은 모든 교육적 조건을 다 설명한 것이라고 보기 힘들다. 또한 세부적인 내용별로 정치적 중립성 등의 관점을 고려하는 것 역시도 필요하기 때문에 복합적으로 문제를 보아야 한다. 이러한 부분들의 경우 국가균형발전교육이 체계화되면서 함께 채워나가야 할 부분이라고 할 수 있다.

이 단락에서는 두 가지로 나누어서 논의를 이어가려고 한다. 전반부에서는 학교의 개별 교과에서 어떻게 국가균형발전을 녹여낼 수 있을지를 이야기할 것이다. 교육과정 상의 세부적인 내용을 분석하기보다는, 교과 전반에 걸쳐 어떠한 교육을 실행할 수 있을지에 대한 구상에 가깝다. 그리고 후반부에서는 창의적 체험활동이나 계기교육, 혹은 기타 교과 외적인 측면에서 어떻게 국가균형발전을 구현해낼 수 있을지를 생각해볼 것이다. 국가균형발전이 어떻게 교육과 만날 수 있을지에 대해 가장 구체적으로 다루어 볼 부분이니 흥미롭게 독자들이 논의를 즐겼으면 하는 마음이 있다.

우리가 배우는 교과에서 국가균형발전 맛보기

교육과정에서 교과는 '교육과정의 내용을 구분하는 일종의 구역'이라고 볼 수 있다. 우리가 모국어로 사용하는 언어에 대한 의사소통 및 문법과 문학에 관한 내용은 '국어' 교과에 해당한다. 또한 수와 관련된 연산과 기하, 통계 등과 관련된 내용은 '수학'에 해당한다고 볼 수 있다. 이러한 교과들의 경우 개별 교과마다의 교육과정이 존재하며, 초·중등 교육과정의 연속성에 따라 수직적으로 연계가 되게 된다. 풀어서 설명하자면 학년이 거듭할수록 내용의 계통은 같지만, 난이도가 점점 어려워지는 형태로 나아간다는 의미이다.

각 학교급별 교육과정의 편제 및 시간배당을 살펴보면 '교과(군)'

이라는 용어를 발견할 수 있다. 이것은 교과 및 교과군이라는 용어로 풀어서 사용할 수 있는데, 교과군이란 비슷한 성격의 과목끼리 묶은 것을 의미한다. 초등 과정에서는 사회/도덕, 과학/실과, 그리고 예술(음악/미술)의 교과군이 있다. 이러한 교과 및 교과군은 중등 교육과정으로 갈수록 이름과 난이도를 바꾸어 새로운 과목들로 등장한다. 실과 교과가 중등 교육과정의 중학교 부분에서 기술·가정 및 정보로 바뀌는 것을 예시로 들 수 있다. 아래의 표를 보면 초·중등 교육과정의 교육과정 시간 배당을 살펴볼 수 있다. 참고로 고등학교의 경우 중학교 교육과정에서 도덕이 사회로 포함이 되고, 한국사가 신설되며, 기술·가정은 제2외국어나 한문과 통합된다.

다음의 참고자료를 보면 교육과정이 어떻게 수직적으로 연결이 되는지를 살펴볼 수 있다. 그리고 또한 시간배당 표를 보게 되면 어떠한 과목에 대한 시수가 많은지 살펴볼 수 있는데, 일반적으로 시수가 많은 과목일수록 다른 교과의 학습에 더 영향을 끼칠 수 있는 교과라고 볼 수 있다. 특히 국어나 수학의 경우 '언어'와 '논리' 혹은 '수리적 감각'의 측면에서 다른 교과에 대한 도구 교과라고 할 수 있다. 이러한 교과들의 경우 또한 학생들이 학습을 통해 다른 응용으로의 연결을 생각할 수 있다. 하지만 도구 교과이든 다른 기타 교과이든 중요한 것은 교과에서 이러한 내용을 어떻게 녹여낼 것인가에 관한 것이다.

구분		1~2학년	3~4학년	5~6학년
교과(군)	국어	국어 448 수학 256 바른 생활 128 슬기로운 생활 192 즐거운 생활 384	408	408
	사회/도덕		272	272
	수학		272	272
	과학/실과		204	340
	체육		204	204
	예술(음악/미술)		272	272
	영어		136	204
	소계	1,408	1,768	1,972
창의적 체험활동		336 / 안전한 생활 (64)	204	204
학년군별 총 수업 시간 수		1,744	1,972	2,176

〈초등 교육과정의 교육과정 시간 배당 기준〉, 2015개정 교육과정 참고

구분		1~3학년
교과(군)	국어	442
	사회(역사 포함)/도덕	510
	수학	374
	과학/기술 가정/정보	680
	체육	272
	예술(음악/미술)	272
	영어	340
	선택	170
	소계	3,060
창의적 체험활동		306
총 수업 시간 수		3,366

〈중등 교육과정의 중학교 부분의 교육과정 시간 배당 기준〉, 2015개정 교육과정 참고

Ⅲ. 교육이 국가균형발전을 만났을 때

〈국어 교과〉

먼저, 국어 교과에 대해 살펴보려고 한다. 우리는 국어 교과를 통해 듣기, 말하기, 쓰기, 읽기 등의 의사소통 능력을 신장하고 문법과 문학 등과 관련한 국어의 지식적인 측면에 대해 이야기를 할 수 있다. 듣기, 말하기, 쓰기, 읽기 혹은 문법과 문학의 경우 교육과정에서 규정하고 있는 국어 교과의 영역들로, 학생들은 이 영역들의 지식과 기능을 고르게 습득할 필요가 있다.

우선, 말하기 및 듣기 영역에서의 활동들을 살펴보겠다. 이 영역에서 국가균형발전과 관련하여 활용할 수 있는 활동의 대표 격인 토론의 경우 다양한 의견을 모으면서 서로 다른 생각 사이의 이견을 좁히거나 한쪽이 승리하는 상황을 통해 어떠한 논리로 사회에 접근해야할지 알 수 있다는 장점이 있다. 국가균형발전이라는 주제가 주어졌을 때, 우선적으로 국가균형발전의 당위성에 대해 논의가 이루어질 수 있다. 찬성 측에서는 국가균형발전을 통해 고려할 수 있는 긍정적인 결과적 측면에 초점을 두며 논의가 이어질 것이다. 하지만 반대로 반대 측에서는 국가균형발전의 실현 가능성이나 정책이 실제로 실행되었을 때, 그 결과가 과연 예상했던 바대로 이루어질 것인가에 대해서 논의가 뜨겁게 이루어질 것이다.

다만 교사가 국어 시간에 토론 수업을 통해 주의해야 할 점은, 주제를 설정했더라도 어느 한쪽으로 정답을 정해놓지 말아야 한다는 것이다. 학생들은 수업에 최선을 다해 참여하는 동인이 자신의 주장에 대한 입증을 인정받는 것인 경우가 크다. 그렇기 때문에 교사는 주제에 대해 적극적인 안내자의 역할을 하면서 찬성 혹은 반대 측에 대해 지원하는 방향으로 사고의 틀을 제시할 수 있어야 한다.

그리고 또한 토의를 통해 서로 공통된 합의점을 도출하는 방안을 제시할 수 있다. 토의는 토론과는 다르게 협력적인 말하기의 형태이다. 국가균형발전의 관점에서 토의가 사용될 수 있는 부분은 '가상의 지역에 어떠한 시설을 입지시켜서 발전을 시킬 수 있을까?'라는 질문에 대한 답을 예시로 들 수 있다. 시설의 입지는 사회간접자본, 산업 기반, 그리고 정주 여건의 세 가지 큰 틀로 생각을 해볼 수 있다. 이것을 학생들의 언어에 맞추어 설명을 하자면, 자동차가 다닐 수 있는 도로, 물건을 만들 수 있는 공장, 사람들이 살 수 있는 장소 등으로 풀어서 충분히 설명을 해볼 수 있다. 이렇게 학생들에게 수준을 맞추어 설명을 한다면 충분히 어떠한 결과를 도출해내야 할지에 대해 토의를 진행할 수 있을 것이다.

이러한 토의, 토론 활동들의 경우 충분한 근거를 바탕으로 하여 자신의 의견을 개진하는 것이 중요하다는 점과 맞닿아 있다고 할 수 있다. 특히 말하기 활동의 경우 수용보다는 언어적 생산 활동에 가깝다고 할 수 있는데, 자신의 생각을 표현하고 타인과의 상호작용을 통해 결과를 만들어내야 하는 현대인들에게 특히나 중요한 영역이라고 할 수 있다. 말하기 능력을 계발할 수 있는 대표적인 방법은 '발표 수업'이다. 여기서 언급한 발표는 단편적인 지식을 말하는 수준의 것이나 바로 앞에서 다룬 토론이나 토의가 아니라 복수의 다른 사람들에게 발표하는 수업을 의미한다. 국가균형발전에 관한 지식이나 혹은 관점에 대해서 발표를 구성하여 하게 한다면 말하는 것에 많은 자신감이 붙게 될 것이다.

이때 고려해볼 수 있는 것이 개인 발표의 형태와 조별 발표의 형태인데, 개인의 개성을 보고 싶다면 개인 발표를, 그리고 협력성과 집단 지성의 가치에 대해 지도를 하고 싶다면 조별 발표의 형태를 택하는 것이 좋다. 하지만 어떠한 발표의 경우라도 국가균형발전과 관련한 주제의 경우 '사전 지식'이 중요하기 때문에 충분한 자료 조사의 시간을 부여하는 것이 효과적이다.

그 다음으로, 쓰기 영역에 있어서는 대표적으로 국가균형발전에 대한 자신의 '논설문' 쓰기 활동을 진행할 수 있다. 이것은 학생들이 논설문이 서론-본론-결론의 삼단 구조로 이루어져 있다는 사실을 기초적으로 알아야 진행할 수 있는 부분이다. 학생들이 국가균형발전이 어떠한 방향으로 나아가야 할지, 혹은 현재의 정책의 추진 방향에 대해서 비판하는 차원에서 이러한 글쓰기의 방식을 차용하여 쓰기 활동 수업을 진행할 수 있을 것이다. 이 과정에서 중요한 것은 우선적으로 학생이 국가균형발전에 대해 어떠한 관점을 가지고 있냐는 것이다. 찬성이든 반대이든 중요한 것은 주장을 뒷받침하는 근거라는 것을 강조하고, 충분한 자료 조사가 이루어질 수 있도록 교사가 여건을 마련해주어야 한다.

또는 프로젝트 활동의 일환으로 국가균형발전 신문 만들기 활동을 진행할 수도 있을 것이다. 초등학생들의 경우 사진 자료와 큰 틀에서의 내용들을 위주로 하여 난이도를 낮추고, 중등 교육과정에 가서는 구체적인 기사를 쓰는 활동 등의 심화된 형태를 생각해볼 수 있다. 신문 만들기 활동이 긍정적인 영향을 줄 수 있는 이유는 학생들이 자율성을 갖고 참여한다는 것에 더하여 '가장 현재의' 이슈를 다루는 시의성이 잘 반영된 활동이기 때문이다.

읽기 영역에서는 우선적으로 다양한 목적과 형태의 글을 읽는 활동을 통해 배경지식의 범위를 넓히고, 다른 영역과 종합하여 추가 활동을 진행하는 것이 적절하다. 이를테면, '행정수도 이전'과 관련한 기사를 학습 매체로 활용한다면, 먼저 기사를 읽은 다음 내용을 이해 및 점검하고 그 내용에 대해 자신의 생각을 개진하는 활동을 고민해볼 수 있다. 이것은 읽기와 쓰기가 결합된 형태의 수업이라고 할 수 있다.

이때 학생들이 쓰는 글의 종류는 기초적인 단계에서는 요약하며 정리하는 식으로 하고, 응용과 심화 단계에서는 직접 근거를 들어 비판하거나 지지하는 글을 쓰는 방향으로 진행한다. 특히 언론 기사의 경우 비판적인 관점으로 접근하는 것이 중요하다고 할 수 있는데, 기사 자체가 미리 선행하는 프레임을 통해 학생들의 사고를 제한할 수 있기 때문이다. 교사의 역할은 이러한 프레임에 대해 학생들이 파악하며 비판할 수 있도록 안내자의 입장에 서 있는 것이라고 말할 수 있다.

이 영역에서 중요한 것을 하나 더 덧붙이자면, 학생들의 수준을 고려하여 교사가 중간에서 이해를 위한 '가교' 역할을 하는 것이 상당히 중요하다. 어려운 한자 표현이나 생소한 영어 표현이 나올 경우 학생들은 그 지문에 대한 수용 자체를 거부할 수 있다. 하지만 교사가 단어 하나에도 이해에 필요한 투입을 위해 많은 시간을 들인다면 학생들이 보다 더 편하게 이해에 도달할 수 있다. 그리고 긴 설명으로 일관하기보다 영상 매체 등을 활용하여 용어에 대한 이해를 돕는 것도 좋다.

또한 비판적인 관점에서 언론 기사 읽기 수업의 경우 유의해야 할 점이 이전에도 언급했듯이 '정치적 중립성'을 우선적으로 고려해야 한다는 점이다. 교사가 사전에 읽기 자료를 선정할 때 중립성의 관점에서 선택을 해야 하는 점도 우선적으로 고려하고, 사전에 여과가 되지 않은 부분에 대해서 중립적 관점에서 설명할 수 있는 것이 필요하다. 적어도 교실 현장에서의 내용의 제시는 객관적인 시각에서 학생들의 자율적인 판단을 촉진할 수 있도록 해야 한다.

듣기, 말하기, 쓰기, 읽기 영역의 경우 의사소통과 관련한 부분이기 때문에 사고의 전달과 심화에 필수적이라고 볼 수 있다. 국가균형발전이라는 소재는 학생들에게 있어서 도전적인 난이도로 다가갈 수 있으면서도 실생활에 연결되기 때문에 충분히 의사소통 능력 증진에 도움이 될 수 있을 것이다. 물론, 국어 교과 자체는 도구 교과의 성격이 강하기 때문에 해당 이슈(국가균형발전)와 관련한 지식적인 측면의 습득으로는 어려운 측면이 있기도 하다. 하지만 의사소통을 위한 준비 과정에서도 지식이 역으로 형성될 수 있고, 오히려 이것이 실천적 지식으로서 자리를 잡을 수도 있다. 국어 교과의 학습을 통해 학생들의 국가균형발전에 대한 생각과 의사소통 능력이 함께 성장하기를 바라는 바다.

〈사회 교과〉

사회 교과는 민주시민으로서의 자질을 기르는 것에 그 목적이 있는 교과로, 교육과정에서 규정된 영역들로 구분을 하자면 크게 일반사회, 지리, 역사라는 틀로 나누어볼 수 있다. 일반사회의 경우 정치나 경제, 혹은 문화 등과 같은 인간이 구성한 사회의 결과물에 대한 종합적인 접근이다. 그리고 지리의 경우 공간에 관련한 자연의 상태와 인간의 행위 결과(이는 법 또는 제도 등의 작용과 같은 거시적인 틀 역시도 포괄한다) 분석이라고 할 수 있다. 역사의 경우 인간의 기록을 기초로 한 과거에 대한 사실과 가치의 연구라고 규정할 수 있다.

국가균형발전에 관련한 내용이 사회 교과에서 다루어질 수 있다면 지리 영역이 가장 실질적으로 영향이 있다고 할 수 있다. 일반사회나 역사의 측면들이 지리와 결합하여 영향을 줄 수는 있겠지만, 공간의 체계와 관계를 바탕으로 하여 국토의 불균형한 발전의 현상과 개선 방향에 대해 탐구할 수 있는 영역은 단연 지리이다. 국가균형발전과 연결할 수 있는 내용은 초등학교 중학년(3~4학년군)부터 상위 학년으로 계속 이어진다. 국어 교과에서의 국가균형발전 접목 가능성을 살펴볼 때는 영역을 중심으로 할 수 있는 '활동'에 초점을 두었다면, 사회 교과의 경우 지리 영역을 중심으로 교육과정을 살펴보면서 그것에 맞는 '학습 주제'에 초점을 두려고 한다.

교육과정 문서의 내용 체계는 학생들이 교과에서 습득해야 할 필수적인 내용들에 대해 일목요연하게 정리한 표다. 이것은 영역, 핵심 개념, 일반화된 지식, 내용 요소, 그리고 기능 등으로 구성되어 있는데, 이 중에서 주목해서 볼 부분은 '내용 요소'다.[33] 내용 요소는 학년(군)에서 필수적으로 배워야 하는 학습 내용이라고 할 수 있는데, 내용 체계표에서 간단한 어구로 제시되어 있다. 또한 내용 요소는 교사들이 평가 기준을 제작하는 기초 자료로 활용하는 교육과정 성취 기준과 긴밀히 연결되어 있기 때문에, 교육과정 활용에 있어서도 중요성이 높다고 할 수 있다.

내용 요소를 중점으로 하여 수직적으로 국가균형발전과 사회 교과의 연계를 구성하자면 다음과 같을 것이다. 먼저, 초등교육과정에서 3~4학년군에서는 "촌락과 도시의 문제점 및 해결 방안"이라는 이름의 내용 요소가 있다. 이 부분을 재구성할 때, 촌락과 도시가 가진 문제점이 기본적으로 불균형에 있으며, 도시의 집중화와 촌락의 공동화에서 문제들이 파생함을 보여줄 필요가 있다.

그리고 초등학교 3~4학년군의 경우 개념의 강조보다는 사례를 통한 간접적 경험의 확대로 문제에 대한 인식을 느끼게 하는 것에 더 초점을 많이 두도록 한다. 이 연령대의 학생들은 개념적 이해보다는 실제적 사례를 바탕으로 한 구체적 이해에 익숙하기 때문이다. 그리고 해결 방안을 제시할 경우 한 지역의 개별적인 노력보다는 촌락과 도시가 서로 균형 발전을 위해 집중화 해소와 지역 환경 개선 차원에서 함께 강구할 수 있는 방안을 수업 내에서 학생들의 수준에 맞추어 생각해보아야 한다. 지역 문제의 경우 보통 개별 지역의 단독적 문제이기 보다는 서로 밀접하게 연결되어 있는 경우가 많기 때문이다.

초등교육과정의 3~4학년군에서 촌락과 도시의 이분법적인 접근으로 개발과 비개발을 양분했다면, 5~6학년에서는 국가 전체의 공간 분석을 통해 불균형 문제에 대해 보다 거시적이면서 객관적인 관점으로 접근할 수 있다. 초등교육과정 5~6학년군에서 제시하는 내용 요소는 "국토의 인구 특징 및 변화 모습", "국토의 도시 분포 특징 및 변화 모습", 그리고 "국토의 산업과 교통 발달의 특징 및 변화 모습" 이렇게 세 개로 나누어볼 수 있다.

위의 내용 요소들을 통해 첫째, 지역별로 인구 분포의 차이가 어떻게 구성되는지 파악하고, 인구의 소위 '양극화'의 원인에 대해 생각해보는 기회를 갖는다. 그리고 그러한 현상을 지역 불균형의 결과이며 어떻게 문제를 해소할 수 있을지 고민하는 시간을 가져볼 수 있다. 둘째, 우리나라의 도시 분포가 어떻게 변화하였고, 그러한 변화 과정에서 지역 간 차이는 어떻게 드러나는지 학생들이 탐구하도록 유도할 수 있다. 도시 분포 역시 인구 분포와 마찬가지로 '도시의 집중'이 '사회적 재화의 집중'과 연결되며, 발전의 불균형과 연결해 교육 내용을 구성할 수 있다. 이때 인구나 도시의 분포에 대한 내용에서는 학생들의 기초적인 자료 해석 능력(점묘도, 도형표현도 등)이 필수적이다. 셋째, 산업과 교통 발달의 경우 2장의 국가균형발전의 이론화 부분에서 산업 기반(생산기능)과 사회간접자본이라는 이름으로 발전 계획에 필수적이라고 밝혔다. 이 부분에서는 학생들이 산업과 교통 발달의 역사적인 변화에 대해 인식하는 것도 중요하지만, 국가균형발전의 관점에서 산업과 교통의 발달을 지역에 도입함으로써 어떠한 긍정적인 결과를 가져올 수 있는지 국가균형발전과 연계해 '확산형 사고'를 촉진할 수 있을 것이다.

중등교육과정의 중학교 과정에서는 초등교육과정에서 공부한 내용이 더욱 심화된 형태로 연계가 된다. 인구에 관한 부분은 분포, 이동, 그리고 인구문제의 측면으로 각기 세분화하여 나타난다. 인구가 현재 우리나라에서 편중되어 분포하며, 인구의 이동은 수도권과 대도시로 지속적으로 향하고 있고, 또한 그로 인하여 인구 문제가 발생한다는 것으로 나아갈 수 있다. 도시와 관련된 내용의 경우에는 도시 특성과 도시화, 도시의 구조 등에 대한 내용들로 나누어진다.

국가균형발전의 관점에서 도시의 특성의 경우 도시를 구성하는 '기능'에 관한 내용을, 그리고 도시의 구조와 관련된 부분은 다핵화나 저밀도 확장지역 등과 같은 공간 구조와 관련한 개념들을 활용할 수 있다. 산업과 교통과 관련한 부분에서는 여러 산업들의 입지와 자원의 활용, 그리고 지속 가능한 개발의 개념 등의 내용 요소로 이전 교육과정과 연계가 된다. 산업의 입지와 자원 활용 부분의 경우 산업 기반(생산기능)의 입지를 경제성을 살리면서 동시에 지역별 편중성을 줄이는 쪽으로 탐구하는 방안을 생각하는 수업을 구상할 수 있을 것이다. 지역이 갖춘 인프라와 특성을 고려하여 맞춤형 산업단지를 개발하는 결론으로 이끌어볼 수 있을 것이다.

고등학교 과정에서는 사회 교과의 심화로 '한국지리'라는 개별 교과가 있다. 국가균형발전교육이 본래의 내용을 살리면서 교과와 함께 통합할 수 있는 초·중·고 과정 내에서의 가장 심화된 형태인 것이다. 대부분의 내용 요소들의 경우 이전 학년들의 내용의 심화 형태가 반복되는 양상을 보인다. 하지만 몇 가지 내용 요소들의 경우 새롭게 제시되는 것을 확인할 수 있는데, '대도시권'과 '재개발'이라는 용어의 사용이다. 대도시권과 관련한 내용에서는 그러한 권역이 형성된 현상과 결과 그 자체를 볼 수도 있지만, 집중화의 폐해에 대해 언급하면서 '권역 다이어트'가 필요함을 역설할 수 있다.

그리고 다핵화 균형지역 이론을 고려하여 지역에서 중심의 역할을 할 수 있는 새로운 권역의 형성의 필요성에 대해 생각해보는 시간을 가질 수도 있다. 수도권에 이은 부산-울산-경남 권역, 대구-경북 권역, 대전-세종-청주 권역 등과 같은 새로운 권역의 육성과 집중 투자에 관한 내용이 그것이다(다만, 그러한 권역 내에서의 균형발전 역시 수업에서 다룰 수 있는 주제다). 그리고 재개발의 주제를 통해서는 집중화로 인한 슬럼화의 극복 방안을 주제로 수업을 충분히 재구성할 수 있다. 특히, 살고 있는 지역에서 재개발이 일어나고 있을 경우 '공간적 공감'이 가능하기 때문에 이해에 더 긍정적인 영향이 생긴다.

내용 요소들을 다루면서 국가균형발전과 관련성이 높은 것 위주로 다룬 경향이 있었다. 하지만 여기에서 다루지 않은 다른 내용 요소에서도 충분히 부분적으로 연계의 가능성이 있는 것들은 수업을 구성해볼 수 있을 것이다. 또한 다른 영역(일반사회, 역사)에서도 국가균형발전과 관련하여 수업을 재구성해볼 수 있다. 예시를 들어보자면, '헌법'과 관련한 부분에서 행정수도 이전이 위헌이 된 배경을 예로 들어 어떠한 법률이 효력을 발휘하려면 헌법에 위배되지 않는다는 사회적인 '판단'이 발생해야 한다는 것을 설명할 수 있다.

여담으로 이 당시 헌법재판소에서는 서울이 수도라는 통념을 근거로 '관습헌법'이라는 용어를 거론하였는데, 이러한 부분에 대해 토론하면서 학생들과 가치 판단을 해볼 수도 있을 것이다. 그리고 역사 영역에서는 경제사 부분을 활용하여 우리 산업의 발달과 동시에 지역적 불균형이 어떻게 형성되었고, 이것의 해결은 어떠한 방향을 통해 이루어낼 수 있는지 생각해볼 수 있을 것이다.

사회 교과의 경우 지리 영역을 중심으로 하여 교육과정의 세부적인 부분들을 토대로 분석하는 방향으로 접근을 해보았다. 특히 사회 교과의 경우 국가균형발전의 가장 중심이 되는 교과라고 할 수 있다. 교육과정 상의 성취기준을 잘 살리며 국가균형발전의 주제를 바탕으로 재구성을 하게 된다면 학생들은 국가균형발전의 가치와 필요성, 그리고 대안에 대해 학습할 수 있게 될 것이다. 또한 앞에서 말했듯이 지리 영역뿐만이 아니라 다른 영역과도 연계하여 학습한다면 내용의 외연을 더 넓혀 여러 요소들이 연결된 현대 사회에 적합한 방향으로 교육이 일어날 수 있을 것이다.

〈기타 교과와 국가균형발전교육〉

앞서 국어 교과에서는 교육과정 상의 영역별로 시도할 수 있는 '활동'을 중심으로 국가균형발전의 주제에 관해 접근해보았다. 그리고 사회 교과에서는 교육과정에 명시된 '내용 요소'를 기초로 해서 어떠한 내용을 다룰 수 있을지에 대해 이야기해 보았다. 그렇다면 이 교과들 이외의 과목에서는 어떻게 국가균형발전에 대한 접근을 할 수 있을까? 도구 교과로서의 국어와 주제와 내용적으로 연결되는 교과로서의 사회 이외의 과목에서는 '부분적인 교육적 소재'를 이용하여 국가균형발전과 접목시켜 교육적 재구성을 수행할 수 있을 것이다. 위에서 말한 교육적 소재를 '소재'로 통일하여 칭하도록 하겠다.

　수학 교과에서는 '통계'에 대한 부분에서 그래프와 같은 내용들을 국가균형발전교육의 소재로 할 수 있을 것이다. 일례로 이산량들의 양적 비교를 용이하게 할 수 있는 '막대그래프'에 대해 공부한다고 해보자. 이때 수도권과 비수도권의 인구 차이를 비교하기 위한 목적으로 막대그래프를 도입하여 설명할 수 있다. 수학 학습과 국가균형발전교육이 동시에 이루어진다고 할 수 있다. 다음으로, 지방 소멸에 관한 내용을 다룰 때 연속된 변량의 변화의 추이를 알 수 있는 '꺾은선 그래프'를 이용하여 얼마나 지방의 인구가 가파르게 감소하고 있는지에 대해서 다루어볼 수 있다.

　그리고 비율에 대한 학습을 진행할 때, 인구 밀도(인구수/단위면적)의 지역별 차이와 연계하여 학습할 수 있을 것이다. 비율은 비교하는 양/기준량으로 구하면서 분수 혹은 소수의 형태로 나타내는데, 여러 지역들의 인구 밀도를 이 비율이라는 수치를 바탕으로 비교해볼 수 있다. 이때 교사가 국가균형발전의 관점에서 인구 밀도가 높을수록 집중화의 문제(도시 문제 등)가 나타날 수 있다는 것을 언급한다면 학습의 효과는 증대할 것이다.

　다만 주의해야 할 점은, 수학 교과의 경우 꽤 많은 수의 학생들이 어렵다는 생각을 가지면서 도전적인 문제에 대해 지레 겁을 먹고 포기하는 경우가 많다. 이때 가장 많이 활용하는 것이 '실생활과의 연관성'인데, 국가균형발전에 대한 배경지식을 조금이라도 설명을 하며 '자신의 세계'와의 관련성을 조금이라도 높이는 것이 중요하다고 할 수 있다. 특히 어렵거나 생소한 용어에 대해 교사가 도움을 주는 것이 필요하다.

그 다음으로, 과학 교과에서는 수업 모형을 통해 교육 재구성 방안에 대해 생각해보려고 한다. 과학 교과의 수업 모형 중 'STS 모형'이라는 것이 있다. 세 개의 대문자 알파벳들은 각각 Science(과학), Technology(기술), 그리고 Society(사회)의 약어인데, 이 모형은 세 개의 구성 요소들의 상호 작용을 바탕으로 과학과 기술의 사회에 대한 연계성에 대해 탐구하는 것을 목표로 한다. 쉽게 말해 과학과 기술이 어떻게 우리가 사는 사회에 영향을 긍정적인 방향으로 미칠 수 있게 할 수 있는지 탐구하게 할 수 있는 모형이라고 할 수 있다.

국가균형발전의 과정에서는 필연적으로 개발이 이루어지고, 자연이나 환경이 파괴될 수 있는 여지가 상존한다. 이러한 일종의 부정적인 효과를 최소화하기 위해서 '환경 영향 평가'를 수행하여 개발 사업이 얼마나 환경에 영향을 미치는지에 대해 사전에 조사를 한다. 학생들도 이러한 환경 영향 평가와 유사하게 프로젝트 활동을 통해 개발 사업에 대한 모의 환경 영향 평가와 대안 설정에 대해 탐구해보는 수업을 할 수 있다.

STS 모형의 경우 '문제 소개-탐색-설명 및 해결방안 제시-실행'의 순서로 학습 단계가 이루어져 있는데, 학생들은 이 단계들을 밟아나감으로써 과학, 기술적 관점에서 사회적 문제에 대해 대안을 제시할 수 있다. 특히 이 모형은 학생들이 주체적으로 문제를 해결할 수 있다는 점에서 '자기 주도적 학습형 인재'를 길러낼 수 있다는 장점도 있다. 한 가지 교수에 있어서 중요한 점은 학생들의 활발한 의사소통을 기초로 한 상호작용의 과정이 중요하다는 것이다. 교사는 이것을 위한 환경을 조성하는 것을 역할로 수행할 필요가 있다.

학생들이 상기해야 할 것은 국가균형발전의 과정에서 환경적인 문제가 수반될 가능성이 높으며, 이러한 것을 해결할 수 있는 방법을 과학과 기술에서 찾을 수 있다는 것을 이해하는 것이다. 특히 STS 모형을 사용한 것에 그치지 않고 사회 교과와 연계한 교과 통합형 수업을 설계하는 것도 수업을 다채롭게 만드는 방법일 것이다. 사회 교과의 시선과 과학 교과의 방법론이 만날 때 펼쳐질 수 있는 색깔을 기대해본다.

한편, 미술 교과에서는 사회 교과와 연계한 국가균형발전교육을 생각해볼 수 있다. 미술 교과의 2015 개정 교육과정에 따른 영역 구분은 세 가지로, 체험, 표현, 감상으로 나눌 수 있다. 이 중에서 표현 활동과 사회 교과의 지도 학습을 연계하여 수업을 재구성해볼 수 있다. 학생들과 대한민국의 전도를 그리면서 '국가균형발전'이 구현된 모습의 주제도를 그려보는 활동을 대표적인 예로 들어볼 수 있다. 주제도는 일반적인 지형과 지명을 나타내는 일반도와 달리, 특정한 주제를 목적으로 그리는 지도로 삽화 등이 들어간다는 특징이 있다. 학생들은 지도 위에 발전이 이루어지는 지역들의 모습을 그리면서 국가균형발전을 보다 공간적으로 인식할 수 있다. 그리고 스스로 지도를 그리면서 스스로 '개발의 주체'가 되는 것 같은 느낌이 들 수 있는데, 이것은 자기 주도적 학습 능력 신장에도 긍정적인 영향을 준다.

지도 그리기 활동 이외에도, 국가균형발전 '상상화' 그리기 활동을 통해 위치를 통한 접근보다 더 구체적으로 수업 활동을 구성해 볼 수 있다. 단, 이때 교사는 해당 수업을 진행하기 이전에 학생들에게 충분한 배경 지식을 형성한 상태여야 한다. 학생들은 소멸하는 지방에 사회간접자본이나 생산 시설이 건설되는 모습, 또는 낙후된 대도시의 도심 지역이 재생되는 모습 등을 그려내어 이론적으로 배운 내용을 응용하는 작업을 수행할 수 있다.

마지막으로, 도덕 교과에서는 덕목을 중심으로 한 교육을 강조하는데, 마찬가지로 국가균형발전과 도덕 교과를 접목할 경우에는 덕목과 연결지어 교육 내용을 구성하는 것이 필요하다. 국가균형발전과 가장 근접하다고 할 수 있는 대표적인 도덕 교과의 덕목은 '공정성'이다. 공정함의 가치는 어느 한 방향에 편파가 없이 균형을 유지하는 것을 의미한다.[34] 공정함의 정의와 어떻게 공정한 사회를 만들어가야 할지에 대한 내용을 교과 내에서 다루어볼 수 있는데, 이때 국가균형발전은 충분히 교육적인 소재가 될 수 있다.

국가균형발전을 통해 지역 사이의 치우친 개발을 해소하고, 발생할 수 있는 반목을 막는 것은 분명히 공정성의 관점에 비추어 보았을 때 '긍정'에 가깝다. 학생들이 먼저 공정의 개념에 대해 이해하고, 그것이 도입되는 간단한 사례에 대해 이해한 다음 국가균형발전이 왜 공정한가에 대한 탐구 활동이 이루어져야 한다. 그리고 지적인 활동에 그치지 않고 공감과 실천을 통합한 교육 설계까지 나아가게 된다면 보다 탄탄한 교육 활동이 이루어질 수 있을 것이다.

국어나 사회와 같이 국가균형발전을 주요한 교육적 소재로 설정할 수 있는 교과 이외에 다른 교과들에서도 어떻게 국가균형발전과 접목하여 교육을 구성해낼 수 있을지 살펴보았다. 이 교과들의 경우 앞의 두 과목에 비해 부분적인 적용이라는 것이지 결코 교육적 효과가 적지 않다. 그렇기 때문에 이러한 교과들에서의 국가균형발전의 실현 가능성에 대한 연구가 더욱 실행될 필요가 있다. 그리고 여기서 언급한 교과 이외의 다른 교과들에서도 마찬가지로 국가균형발전의 접목을 생각해볼 수 있다. 다만 여기에서는 가능성이 가장 큰 것들 위주로 지면을 할애했다는 점을 독자들이 이해해주시기를 바란다.

교과 이외의 부분에서 국가균형발전을 녹여내기

교육과정에서 규정하는 정규 교과 이외의 다른 부분에서도 국가균형발전에 대해 학생들이 체득할 수 있도록 할 수 있다. 보통 학교라는 장에서 교과 이외의 영역은 창의적 체험활동이나 학생 생활 등의 부분으로 나눌 수 있다. 창의적 체험활동은 교과와의 상호 보완적 관계를 바탕으로 일종의 '전인(인지, 정의, 행동적 영역이 모두 우수하게 통합된 인재를 뜻함)'을 길러내는 것을 목표로 한하는 교과 이외의 활동이다. 자율활동, 동아리활동, 봉사활동, 진로활동 등의 영역으로 구성되며 학생들의 소질 및 잠재력을 기를 수 있는 활동들이 주를 이루고 있다. 그리고 학생 생활의 경우 포괄적인 용어라고 할 수 있는데, 학생들이 학교에서 생활하는 그 자체와 그 과정에서 자연스럽게 배우는 것들을 포함하는 의미이다.

먼저 창의적 체험활동의 경우 교육과정에서 제시하는 네 개의 영역들을 기준으로 해서 영역과 관련지어 어떻게 국가균형발전교육을 구성해볼 수 있을지 생각해보려 한다. 첫 번째로, 창의적 체험활동의 자율활동 영역은 학생들의 자율성에 기초하여 발달에 맞는 활동이나 자유로운 주제 탐구를 하는 것에 초점을 둔다. 특히 자율활동 영역의 장점은 자신이 살고 있는 고장과 연계하여 마을 탐험이나 지역 조사 등의 자율적인 활동을 할 수 있다는 것이다.

자율활동 영역의 하위 활동명인 '창의주제활동'을 활용하여 국가균형발전교육과 관련한 수업을 교사의 재량으로 구성할 수 있다. 특히 창의적 체험활동 시간을 활용하게 되면, 교과에 비해 보다 교사나 학생들의 자율권이 올라간다는 것도 큰 장점이라고 할 수 있다. 학생의 발달 단계에 따라 수준을 설정해서 난이도를 달리하여 국가균형발전의 주제로 탐구 활동을 수행하게 되면 학생들의 탐구 능력과 국가균형발전에 대한 필요성 인지를 함께 심어주게 될 것이다. 다만 이때 주의해야 할 점은, 교사가 어느 정도 충분한 배경 설명을 마친 다음 학생들이 자유롭게 탐구할 수 있도록 기회를 주어야 한다. 일정 수준 이상의 배경 지식이 없으면 아무리 자율권이 있어도 가설 설정조차 어렵게 된다.

필수적으로 교사가 학생들에게 먼저 제시해야 할 국가균형발전의 내용적 측면은 국가균형발전의 목적과 필요성, 국가균형발전을 위한 방법(이론화), 그리고 국가균형발전의 실천적 측면 등을 생각해볼 수 있다. 실천적 측면의 경우 학생 스스로 국가균형발전 정책이나 혹은 국가균형발전의 방법론에 대해 자신의 수준에서 평가를 해보는 것과 관련이 있다. 혹시 학생이 과연 국가 정책이나 균형발전에 관해 평가를 할 수 있는가에 관한 회의가 있을 수 있지만, 결국 학습의 목표 중 하나는 '가치 판단 능력의 형성'이기 때문에 기초적인 수준에서의 평가는 충분히 기대할 만하다.

둘째로, 동아리활동 영역을 살펴보면, 학생들의 흥미와 적성을 고려한 자율적인 부서 활동이 가장 주요한 목표이다. 동아리활동 영역에서 국가균형발전교육과 가장 맞닿을 수 있는 내용은 '학술문화활동'이라고 할 수 있다. 이 활동 아래에서 학생들이 동아리 활동을 하게 된다면, 다른 학생들과의 지속적인 상호작용을 바탕으로 탐구 활동을 수행할 수 있다. 그리고 또한 동아리 활동의 장점은 학교 내에서의 상호작용뿐만 아니라 학교 외에서의 다른 학생들과의 상호작용도 가능하다는 것이다. 소위 '연합동아리'의 형태로 대학생들의 단위에서 많이 볼 수 있지만 초등, 중등교육과정의 학생들도 충분히 교사의 도움과 함께 연대를 할 수 있다.

국가균형발전교육의 관점에서 동아리를 만든다면 '국가균형발전 탐구 동아리' 내지 '국가균형발전 연구회' 등의 이름을 명명하여 활동을 할 수 있을 것이다. 하지만 이것은 하나의 예시에 불과하고, 학생들의 자율적인 선택에 따라 탐구나 연구가 아닌 국가균형발전 알리기 등에 초점이 있다면 다른 이름으로 명명을 해도 충분히 가능할 것이다. 어디까지나 동아리 활동의 주체는 학생이어야 하고, 교사는 다만 옆에서 도와주는 역할을 할 뿐이다.

그리고 국가균형발전과 관련한 동아리의 경우 무엇보다 '대외 활동'의 비중이 높은 편일 것이다. 현장 조사나 전시회 활동, 그리고 각종 대회 참여(이를테면 동아리 경연 대회 등)를 준비하거나 수행하는 것에 비용이 들게 된다. 그렇기 때문에 교육 당국 차원에서 국가균형발전을 교육의 장에서 진흥하고 싶다면 예산을 충분히 교부할 필요가 있다. 충분한 예산이 확보가 되었을 때 학생들이 경험할 수 있는 폭이나 질적인 면은 비교할 수 없이 넓고 좋을 것이다. 하지만 이러한 예산의 편성은 충분한 심의 및 검토를 거친 후에 가능할 것이다. 확실한 심의의 통과를 위해서는 국가균형발전교육의 정비를 통해 교육에 대한 공감대를 높이는 것이 선결 조건이다.

셋째, 봉사활동 영역을 통해 학생들이 국가균형발전교육에 참여할 수 있다. 일단 이 영역에서의 학생들의 참여는 이전 두 영역과는 양상이 다르다. 자율활동, 동아리활동 영역들의 경우 학생들의 '탐구, 연구'가 대다수를 차지하는 활동이었다. 하지만 봉사활동 영역에서는 이미 인식 체계를 획득한 학생들의 '실천 역할'이 부각된다. 학생들은 머릿속 인식에만 갇혀 있던 지식을 꺼내 세상에 내놓고 적극적으로 알리는 역할에까지 진보하는 것이다.

봉사와 국가균형발전의 상관성에 대한 질문이 나올 가능성이 높을텐데, 봉사활동 영역의 하위 활동에는 '캠페인 활동'이 존재한다. 이 캠페인 활동의 경우 사회 참여를 통해 발전에 이바지하는 태도가 본질이다.[35] 캠페인 자체의 성격이 공익 지향성이라는 것을 상기할 때, 캠페인과 봉사의 상관성은 충분히 입증된다는 것을 알 수 있다. 학생들은 캠페인 활동을 통해 국가균형발전의 가치에 대해 알리고 또한 그 내용까지도 관심이 별로 없던 사람들에게 각인시킬 수 있다.

마지막으로 넷째, 진로활동 영역에서는 사실 직접적으로 국가균형발전 자체를 주제로 삼아 수업을 구성하기 힘든 측면이 크다. 진로의 목적 자체가 학생의 적성과 흥미에 따른 미래를 탐색하는 것인데, 국가균형발전과 개인의 진로는 별개의 문제이기 때문이다. 하지만 진로활동과 관련하여 교사가 학생들과 이야기를 나누어볼 수 있는 것은 '학생들이 진로로 나아가고 싶은 직업의 터전의 위치'이다. 이를테면 반도체 계열로 나아가고 싶은 학생에게는 대기업들의 반도체 생산 시설이 있는 지역을 보여주고, 그 과정에서 어떠한 지역에 주로 위치한 것 같은지 특징에 대해 물어볼 수 있다. 일자리 터전들의 입지에 있어서의 특징과 지역 간 편차를 살펴보는 것은 국가균형발전교육의 한 부분이다.

그리고 진로활동의 과정에서 '지역인재 할당제'와 같은 사회적 이슈에 대해 이야기하면서 지역을 잘 아는 인재가 지역에서 계속 정착하여 자신의 역량을 발휘할 수 있는 시스템의 구축에 대해 함께 생각해볼 수 있다. 특히 지역인재 할당제의 경우 비수도권에 거주하는 학생들의 경우 충분히 관심을 가질만한 주제이다. 지역에 따라 학생들의 진로를 탐색 또는 설계하는 과정에서 큰 영향을 끼칠 수 있으므로 학교 차원에서 교육과정을 구성할 때 고려하도록 해야 한다.

지금까지 창의적 체험활동의 네 가지 영역에서 어떻게 국가균형발전을 교육의 소재로 삼아 구성할 수 있을지 생각해보았다. 학교 교육과정의 교과 이외에서 큰 부분을 차지하는 창의적 체험활동 이외에도 학생 생활 차원에서 국가균형발전교육을 구현할 수 있는 방안들이 충분히 있다. 학생들은 교사의 교수나 또는 짜여진 학습에 의해 교육을 받는 것이 아니라 자연스러운 '습득'을 통해 국가균형발전에 대한 지식을 형성하게 된다.

개별 학교들은 모두 그 학교에서 추구하는 교육관을 바탕으로 교육 목표를 제시한다. 그러한 목표들은 단순히 지식의 전달과 같은 틀에만 녹아 있는 것이 아니라 쉬는 시간, 자율 활동 시간 등과 같은 '수업으로부터 먼 시간'에도 상존한다. 이러한 시간에 이루어지는 앎은 보통 간접적인 경험에 의해 일어난다. 간접적인 경험에 의한 앎은 무엇인가를 전달하려는 행위보다는 잠재적인 환경 조성이나 습득한 '이슈'로부터 형성이 될 수 있다.

이것을 조금 더 구체적인 사례와 함께 말하면, 최근 학교들을 보면 기술적 발전과 맞물린 트렌드에 발맞추기 위해 '4차 산업혁명'과 관련된 공개 게시판을 꾸미는 경우가 많다. 이 주제에 대한 하위 내용으로 드론이나 3D 프린터, 또는 빅데이터나 IoT(사물 인터넷) 등의 기술들이 열거되면서 학생들에게 미래 사회에 대한 소개와 관심을 당부하는 의도다. 이러한 게시물들은 단순히 미관만을 위해 존재하지 않는다. 다만 수업이라는 시점이 아닐 뿐이지, 학교의 교육 목표가 반영되어 학생들에게 내면화를 시킨다.

이것과 마찬가지로 국가균형발전 역시 공개 게시물의 형태로 학생들에게 충분히 소개를 할 필요가 있다. 이때 필요한 것은 일목요연한 인과관계다. 집중화로 인해 문제가 발생하고, 그것을 해소하기 위해 국가균형발전이 필요하다는 큰 축의 논리를 기초로 하여 게시물을 구성해야 한다. 그리고 국가균형발전 추진의 사례인 세종시와 다른 혁신도시들을 소개하는 항목까지 추가한다면 국가균형발전 정책의 실제적인 적용이 어떻게 되고 있는지에 대한 이해를 보다 높일 수 있다.

이러한 공개 게시물이 환경 조성의 영역이라면, 이슈 습득의 경우 사회적으로 영향력이 있는 소식 등을 접하게 되었을 때 얻게 되는 시사적인 '상식'의 영역이라고 할 수 있다. 따로 계획에 의해 수행되는 시사 학습이 아니며, 학생들은 아침 활동 시간에 읽는 신문이나 교사의 이슈 언급 등으로 해당 분야에 대한 지식을 자연스럽게 체득하게 된다. 이때 교사는 국가균형발전에 관한 자료를 학생들에게 제공해야 하며, 자료를 설정할 때는 정치적 중립성이나 자료의 객관성 등을 고려하여야 한다. 그리고 습득이라는 용어에서도 어감이 내포되었듯이, 결코 학생에게 지식을 강요해서는 안 되며, 학생들이 스스로 판단하도록 개입을 유보해야 한다.

환경을 조성하는 것이나 또는 이슈를 습득하도록 하는 것은 모두 학생 본인이 배움을 의도하지 않은 상황에서 배움을 받게 되는 현상을 전제로 한다. 이 사례들은 학생 생활에서 국가균형발전교육이 구현되는 예라고 할 수 있다. 생활 속에서 지식을 얻게 되는 것은 자연스러우며 또한 인위적인 지식의 주입에 비교해서 학생들의 이해와 기억의 보존을 더 촉진할 수 있다. 일종의 '유의미 학습'이 발생하게 되는 것이다.

이 단락의 내용을 정리하자면, 정규 교육과정에서의 교과 외 영역들인 창의적 체험활동과 학생 생활에서의 국가균형발전교육에 대해 고찰해보았다. 창의적 체험활동이나 학생 생활의 경우 학생들의 자율적인 활동을 최대한 높이면서 흥미를 고려하고, 또한 자연스러운 배움을 유도한다는 점에서 장점이 있다고 할 수 있다. 그리고 이 시간들을 통한 교육의 장점은 국가균형발전이 생활 속에 들어왔다는 것을 더 현실적으로 느끼게 하는 것이라고 필자는 생각한다. 교육 현장에서 부디 학생들이 호기심을 가지고 배움에 푹 빠지는 기회를 통해 국가균형발전의 가치가 퍼질 수 있기를 기대한다.

IV

교육으로 균형의
미래를 말하다

●

국가균형발전과
교육의 미래

●

． ． ．

　과밀화된 서울 및 수도권과 천정부지로 치솟는 부동산 가격으로 인해 사람들의 국가균형발전에의 갈망은 더욱 커지고 있다. 연일 매스컴은 지방이 사라지고 있다면서 특단의 조치가 필요하다고 역설하고 있고, 정치권에서는 큰 추진 의지를 갖고 행정수도 이전과 같은 국가균형발전 정책들에 박차를 가하고 있는 상황이다. 이러한 정부 주도의 정책적인 측면은 하향식 국가균형발전 모델로 추진 속도나 가능한 재원 조달에 있어서 높은 효율성을 가져올 수 있다.

　이에 반해 풀뿌리, 즉 정치의 소위 '가장 아래'에서부터 균형발전이 시작되어 온 국가와 국토가 골고루 잘 살고 개발되는 이상을 그리는 관점도 존재한다. 이러한 관점은 상향식 국가균형발전 모델이라고 할 수 있으며, 주로 '풀뿌리 민주주의'나 '지방분권론'을 언급하며 논리를 펼치는 그룹이라고 할 수 있다. 우지영(2018)에 따르면 풀뿌리 민주주의는 정치적인 차원의 모형이며, 지역주민의 직접적인 참여를 통한 자치를 지향한다.**36** 그리고 지방분권론의 경우 경제적인 요소가 많이 포함되어 있으며, 지방의 예산 활용의 자율성을 높여 중앙 정부에 종속된 의사 결정 구조를 탈피하자는 관점이다. 한 마디로, 분권(分權)을 통해 권한을 서로 나누어 갖자는 것으로 생각하면 이해가 쉽다.

하지만 위에서 언급한 풀뿌리 민주주의나 지방분권의 경우 추진이 그렇게 녹록하지만은 않은 상황이다. 일단 풀뿌리 민주주의의 경우 거듭되는 기초 의회나 광역 의회에서의 비위 발생, 또는 견제 기능의 미흡함 등의 이유로 비판을 많이 받고 있다. 지방 의회에서 발생하는 각종 범죄나 추문, 혹은 지방자치단체와 결탁하여 '한배를 타며' 본분을 망각하는 사례 등이 그 예시라고 할 수 있다.

그리고 지방분권의 경우 가장 현실적인 걸림돌이 예산 문제이다. 정치 또는 행정적인 수식으로서의 지방분권은 정말 훌륭한 모델이다. 주체적이고 자율적인 사람이 이상적인 인간형으로 그려지듯이, 지역 역시도 지역 현안에 맞는 예산을 내부에서 주체적으로 쓴다면 그것만큼 좋은 일은 없을 것이다. 하지만 그것을 감당할만한 재원이 없다면 어떨까? 점점 지방자치단체들의 중앙에의 종속이 심해지는 이유는 세수의 부족 문제가 가장 크다.

이러한 문제들은 단번에 번개처럼 해결될 수 있는 문제들이 아니다. 또한 일회성 정책으로 해결될 것도 아니고 사회 각층의 시민들과 정치권의 상호작용(주로 견제가 필요할 것이다), 그리고 기존의 개념에 대한 인식 전환도 필요하다. 점점 우리 사회의 저출산 및 고령화 기조는 높아지고 있고 이것이 지방 소멸을 앞당기는 방아쇠가 되어가고 있다. 그렇기 때문에 기존의 것을 단순히 답습하는 것으로는 현상 유지도 못하고 더 가라앉게 되는 결과를 초래할 수도 있다.

3장에서 논의를 했던 '국가균형발전교육'의 경우에도 난점이 많다. 먼저 국가균형발전이 우리 사회의 시급한 가치임은 틀림이 없지만, 아직 이론적 체계나 교육 방법에 대해서는 더 깊은 연구가 필요한 상황이다. 그리고 현재도 교육과정은 학생들이 학습할 것이 많아 '학습량 경감'에 대한 주문이 계속 나오고 있다. 이러한 과정에서 국가균형발전의 가치가 교육과정에 들어가기 위해서는 교육계와 다른 사회의 부문들과의 충분한 논의가 필요할 것이라 생각을 한다. 또한 국가균형발전은 시대에 따라 부각되는 이슈의 성격이 강한 주제이다. 그렇기 때문에 정치권도 많은 관심을 가지는 문제고 그 과정에서 정치적인 요소들이 윤색될 수도 있다. 이러한 것들을 벗겨낸 '본질적인 국가균형발전'에 대해 교사들이 객관성과 중립성을 지키며 교육해내는 것이 중요한 측면이 될 것이다.

　이번 4장에서는 국가균형발전에서도 특히 지방분권, 그리고 국가균형발전교육의 방향에 대해 이야기를 이어나갈 것이다. 우리가 목도하게 될 미래 사회는 변화의 속도가 훨씬 빠르고 격동적일 것이다. 이러한 시대를 살아감에 있어서 어떠한 미래가 펼쳐질지에 대한 인식은 필수적이다. 독자들은 이 장을 읽으면서 국가균형발전이 바꾸어 나갈, 혹은 직면하게 될 변화에 대해 적극적으로 생각하면서 함께 미래를 그려나가기를 바란다.

01
지방분권은 과정이 아닌
국가균형발전의 결과다

　우리나라는 역사적으로 권력의 점유가 중앙에 의해 이루어지는 경우가 많았다. 과거 지방관들의 경우 중앙에서 파견한 조정의 대행인이였으며, 소위 말하는 '토착 세력'의 경우 중앙의 눈을 벗어나 전횡을 일삼던 경우가 많았던 비합법적인 힘이었다. 중앙 권력은 결코 분산을 쉽게 용납하지 않는다. 권력의 분산은 곧 권력의 눈을 벗어난 공백으로 이어지고, 자신의 지위에 대한 위협으로 언젠가 다가올 수도 있기 때문이다. 통일신라 말기의 호족들의 대두는 권력의 공백의 대표적인 사례라고 할 수 있다.

　하지만 민주적 사회가 성숙해갈수록, 사회의 개별 주체인 구성원들의 참여 의식은 높아진다. 헌법에서도 살펴볼 수 있듯이, 시민들은 각자가 사회의 주인이라는 의식을 가지고 정치적 의사결정 구조에 참여하려고 한다. 그리고 시민들은 비대해진 사회로 인한 차선책으로 '대의 민주주의'를 통해 정치인들을 대리인삼아 주권을 행사하고 있다. 하지만 이러한 참여에 부족함을 느껴 기술적, 제도적 한계를 극복한 '풀뿌리 민주주의'에 대한 관심도 크게 부각되고 있다. 이러한 민주사회의 성숙은 개별 시민만을 주권 행사의 주체로 보는 것이 아니라 개별 지역 역시도 참여의 단위로 인식하게 한다. 지역 역시도 시민이라는 구성원의 총합 으로 생각할 수 있기 때문이다.

대한민국에 공화국이 수립된 이후, 대부분의 정권들은 중앙 주도의 성장 및 개발 방식을 선택하였다. 중앙 주도의 성장은 확보하고 있는 국세를 통해 빠르게 실행할 수 있기 때문에 효율적이라는 특징이 있다. 제3공화국부터 20세기 말에 이르기까지 실시되었던 '경제 개발 5개년 계획'이 그 대표적이 사례라고 할 수 있다. 정부 주도의 계획이었던 이 정책은 처음에는 성장에 모든 초점을 두었지만 후기로 갈수록 국가 안정과 민생, 지방 균형 등의 가치를 고려하는 방향으로 나아갔다.

한편 '개발'의 양상에 초점을 둔 또 다른 정책으로는 '국토종합계획'이 있다. 경제 개발 5개년 계획이 경제 성장과 사회간접자본의 배치라는 차원에 초점을 두었다면, 국토종합계획의 경우 국토라는 공간적 차원에 기반해 경제적 요소를 포함한 다양한 사회적 가치를 배분하는 것에 초점을 둔다. 현재 국토종합계획의 경우 5차까지 수립이 되어 있으며, 5차 국토종합계획의 경우 지역 혁신과 4차 산업혁명(스마트 국토), 친환경과 안전 등을 주요 전략으로 제시하고 있다.[37]

5차 국토종합계획의 특징을 추출하여 말하자면, 미래 지향적이며 환경과의 공존과 혁신을 강조한다는 것이다. 이것은 1차부터 4차에 걸친 변화 과정의 결과라고 할 수 있다. 1차 국토종합계획의 경우 '거점형 개발'을 통해 다른 지역에 경제적 파급 효과를 낼 수 있는 큰 지역을 건설하는 것이 목표였다. 1차의 단점을 보완하기 위해 나온 2차 국토종합계획은 광역형 개발 모델을 통해 광역권을 묶어 개발의 효과가 더 퍼지게 하였다. 그리고 3차 국토종합계획은 이보다 더 나아가 지방 분산형 개발 계획을 통해 '균형'의 개발 기조를 보다 더 심화하였다. 마지막으로 4차 국토종합계획의 경우 균형에서 나아가 환경을 강조하였다는 점이 특징이다.

경제 개발 계획이나 국토종합계획의 방향이 시대에 맞게 변화를 모색하였더라도, 근본적인 바탕은 중앙(정부) 주도이다. 그러한 이유에서 개별 지역들의 특성에 맞는 개발이 잘 이루어지지 않는다는 비판과 지역 사회가 주체적으로 참여하기 어렵다는 비판이 늘 제기되어 왔다. 지역에서 몸소 현장의 문제를 느끼며 그것을 실행하는 것과, 현장의 목소리를 제한적으로 청취한 다음 외부의 입장에서 실행하는 것은 분명 별개의 문제다.

이러한 문제를 극복할 수 있는 대안으로 가깝게 찾을 수 있는 것

IV. 교육으로 균형의 미래를 말하다

이 '지방자치'이다. 1995년에 지방자치제가 실시된 이후, 각 지역들은 그 지역의 특성에 맞는 주체적인 조례나 규칙 등을 갖추게 되었다. 그리고 변봉주(2007)에 따르면 참여 형태도 예전의 관(官)을 주도로 한 일방적인 형태가 아니라 지역 주민들이 적극적으로 참여할 수 있는 거버넌스 형태로 나아간다는 것도 주요 특징이라고 할 수 있다.[38]

이러한 지방자치의 개념과 연결되면서 최근 새롭게 대두되는 것이 '지방분권'이다. 지방분권의 모습은 그것을 구현하려는 국가에 따라 다른 모습을 띤다. 박대성(2010)에 따르면 단순히 업무 일부를 이전시키는 기능 분산형 국가가 있는 반면에, 일정 수준 이상의 정치적 권한을 지방에 이양해 높은 수준으로 권한을 분산하는 기능 이양형 국가도 있다.[39] 앞서 말했듯이 민주주의가 더 성숙할수록 지방이 주체적으로 의사 결정을 하는 것에 대한 목소리가 더 커지게 된다.

그래서 근래 일부 정치인들은 지방분권을 자신의 주된 정치적인 구호로 삼으며 지방에의 권한 이양을 역설하며 지지세를 얻고 있다. 하지만 질문하고 싶은 것이 있다. "과연 지방분권의 구체적인 방안에 대해서 생각해 보았는가? 지방분권을 실시하는 그 과정을 통해 원하는 결과를 얻을 수 있다고 보는가?" 또는 "지방분권은 과연 선한 결과만을 가져오는가? 그렇지 않다면 어떤 대안으로 그것을 극복할 수 있는가?" 이 질문들은 지방분권을 유행처럼 생각하는 것에 대한 일종의 일침이 될 수 있다.

지방분권은 과연 지방자치단체의 자력으로 가능한 것인지에 대해 현실적으로 생각해보아야 한다. 살면서 꽤 많은 경우, 혼자가 아닌 여럿의 연대가 더 큰 힘을 발휘한다. 그리고 앞에서도 말했듯이, 지방자치는 스스로의 감시를 통한 자정 기능이 약해질 수 있다는 단점이 있다. 예산 삭감을 막기 위한 불필요한 예산의 집행(연례 행사처럼 일어나는 보도블럭 공사가 그 예가 아닐까 한다) 등의 감사도 제대로 이루어지지 않고 있는데, 과연 높은 수준의 분권이 실행되었을 때 지역들은 지방분권을 본연의 기능대로 수행할 수 있을지에 대해 진지하게 검토해 보아야 한다.

이 단락에서는 지방분권은 그 자체가 과정이라기보다는 국가균형발전의 결과라는 것에 대해서 논의하는 공간이 될 것이다. 과정으로서 분권이 일어나게 된다면 자립할 수 없는 지방이 동시에 궤멸하는 상황이 발생할 수 있다. 이 단락의 초반부에서는 경제적인 측면에서 지방분권 정책을 펴는 것의 난점에 대해 다룰 것이다. 그리고 후반부에서는 지방분권의 가치에 대해 다시 상기하고, 국가균형발전의 결과로서의 지방분권에 대해 이야기를 할 것이다. 지방분권은 분명 새로운 시대의 필수적인 가치이지만, 그 전에 국가균형발전의 가치와 정책이 꼭 필요하다는 것을 고찰할 수 있는 시간일 것이다.

경제적 관점에서 지방분권은 왜 어려운 것인가

간단한 사고 실험으로 이 단락을 열어보고자 한다. 직장이 없는 취업 준비생 A군이 있다고 가정하자. A군은 독서실 총무 일을 하면서 최저시급 이하의 급여를 받으며 온전히 그것을 취업 준비를 필요한 최소한의 비용과 생활비로만 사용하며 생활하고 있다. 이 두 비용들은 본질적으로 생활을 '유지'하기 위한 용도로 묶어볼 수 있을 것이다. 하지만, 이 상황의 경우 A군이 본인이 스스로 방값이나 각종 공과금을 납부하는 상황이 아니라 부모님의 집에서 얹혀 사는 상황을 가정한 것이다. 만약, '자율성과 생활에서의 분권'을 위해 A군이 부모님의 통제와 간섭을 피해 밖에 나가서 독립하라고 한다면 과연 어떨까?

A군은 당장 방값으로만 독서실 총무 비용이 모두 나갈 것이다. 고시원으로 총무직을 옮기거나 아니면 가장 싼 방을 찾아 헤매야 하는데, 과연 이것이 이전보다 더 나은 생활을 불러올 수 있느냐 하면 그것은 결코 아니다. 결국 A군은 이 상황에서 생활 전반의 질도 놓치고, 미래를 위한 준비 역시도 제대로 하지 못하게 되는 결과를 맞게 된다. 그렇다면, A군의 사례를 지역으로 옮기면 어떻게 가정을 해볼 수 있을까? A군이 독서실 총무를 하면서 얻는 소득은 지방자치단체가 주민들로부터 걷는 세금이라고 할 수 있다. 이것을 줄여서 주민세라고 칭한다. 그리고 A군의 미래를 위한 준비 비용이나

생활비는 지방자치단체에서 꼭 지출해야 하는 비용이라고 유추해 볼 수 있다. 마지막으로 A군이 부모님의 집에서 살면서 생활 공간을 제공받고 식사 등을 할 수 있는 것, 또는 용돈을 받기도 하는 것은 지방자치단체가 국가로부터 지원금을 받는 것과 대응이 된다.

물론 지방자치단체 중에서도 허약한 이미지보다는 경제적으로 건실하고 부강한 이미지인 곳도 찾아보면 충분히 있다. 이를테면 광역시를 준비하는 인구 백만명 이상의 수원시나 창원시 같은 '슈퍼 기초자치단체'(수원, 창원, 용인, 고양은 특례시로 지정되었다)나 지방 대도시들(도청 소재지 등)의 경우가 그 예시다. 하지만 문제는 이런 체급의 도시들보다 작고 허약한, 즉 소멸이 걱정되는 지역들이 더 많다는 것이다.

소멸되어가는 지역이 경제적으로 힘든 이유는 경제 활동이 가능한 인구의 비중이 적기 때문이다. 이러한 지역의 경우 신생아 수는 적어 지역의 연속성이 불투명하고, 노령층이 지속적으로 증가하여 세수가 확보되기 어렵다는 부정적인 면이 있다. 이러한 지역의 악순환의 고리는 인구가 없기 때문에 사회간접자본이나 산업 기반에 대한 투자가 이루어지고, 그 이유로 또 사람들이 일자리를 찾아 떠나는 현상으로 표현할 수 있다. 그래도 대도시권에 가까운 소지역(군 단위)들은 저렴한 지대를 유인으로 하는 주거 단지가 건설되어 대도시로 통근하려는 사람들의 이목을 끌 수 있지만, 대도시와도 멀리 떨어진 외딴 지역들은 철저히 고립될 수밖에 없다.

A군의 독서실 총무를 통한 소득과 지방세를 유추해보았는데, 그렇다면 각 지역이 한 해 사용하는 예산에 대한 지방세를 포함한 자체 조달하는 재원의 비율을 비교하면 어떤 결과가 나올까? 비율을 고려하며 길게 표현해서 그렇지, 저 말은 재정자립도라는 말로 통용이 된다. 어느 한 지역의 재정자립도가 높을수록 중앙 정부의 힘을 빌리기보다 자체적으로 얻은 수익으로 예산을 편성할 수 있다. 하지만 재정자립도가 낮을수록 중앙 정부의 눈치를 많이 볼 수밖에 없다. 이것은 대다수의 국회의원들이 '예산을 잘 따오는 능력'이 능력의 조건이라고 거론하는 것과 무관하지 않다.

다음의 표를 보면 2020년의 각 지역별(광역자치단체) 재정자립도를 확인할 수 있다. 기초자치단체 급의 자료가 여기에는 나오지 않았지만, 광역자체단체의 재정자립도 수준과 거의 비슷하게 간다고 생각하는 것이 맞다. 결국 한정된 재산 내에서 다시 분할되는 것이기 때문이다. 그리고 일부 도지역들의 경우 지역 간 불균형이 심하여 한 도시가 너무 많은 파이를 차지하는 경우가 있다. 충청북도의 청주시가 대표적인 사례다. 청주시는 충청북도의 도청소재지이면서, 충청북도 인구의 절반 이상을 품고 있다. 이러한 경우 충청북도의 청주시 이외 다른 시군들의 경우 재정자립도가 상당히 낮은 수준일 것이라는 해석이 가능하다.

행정구역별(1) 2020	재정자립도 (세입과목개편전)	재정자립도 (세입과목개편후)
전국	50.4	45.2
서울특별시	81.4	76.1
부산광역시	54.8	49.2
대구광역시	50.5	45.4
인천광역시	59.8	54.0
광주광역시	45.3	41.1
대전광역시	46.0	41.4
울산광역시	56.2	51.6
세종특별자치시	64.8	59.3
경기도	64.8	58.6
강원도	28.8	25.8
충청북도	34.8	30.1
충청남도	38.3	34.4
전라북도	30.1	24.9
전라남도	28.1	23.3
경상북도	32.1	27.1
경상남도	40.0	34.3
제주특별자치도	40.1	32.9

〈2020년도 재정자립도〉, 통계청 출처

재정자립도가 높은 지역은 세 개를 꼽자면 서울특별시, 경기도, 그리고 세종특별자치시다. 인구가 많은 광역시인 부산이나 인천의 경우에도 재정자립도가 낮지 않은 편이다. 서울 경기나 부산과 인천의 경우 인구가 많으며, 산업과 교통이 발달했다는 특징을 거론할 수 있다. 그리고 세종특별자치시의 경우 정부 주도로 공공기관 이전과 각종 산업 기반 유치 등의 선영향이 많다는 점도 주요한 특

IV. 교육으로 균형의 미래를 말하다

징으로 볼 수 있다. 또한 세종시의 경우 청년층의 인구가 지속적으로 증가하며 전국에서 출산율이 가장 높은 곳 중의 하나이다. 위 지역들의 경우 높은 재정자립도를 기반으로 지역을 위한 투자가 계속 순환할 수 있다는 장점이 있다.

한편, 재정자립도가 낮은 지역들의 경우 전라북도와 전라남도, 그리고 경상북도가 있다. 위 지역들의 경우 기반 시설이 미흡하거나, 또는 거점이 될 수 있는 지역이 부족(근처의 광역자치단체를 말하는 것이 아닌, 해당 지역 내에서의 거점 도시)하다는 특징이 있다. 이러한 요인들이 지속적인 인구 유출을 야기하여 세수를 감축시는 현상으로 연결되는 것이다. 특히 호남 지역의 경우 국가 주도의 경부축 개발로부터 소외되어 늘 개발의 후순위였던 것도 정체된 지역 분위기의 한 원인이라고 할 수 있다.

그렇기 때문에 재정자립이 가능한 예산 이외의 국가로부터의 교부금이나 보조금으로 대부분의 지역 내의 사업들이 이루어지는 것이 부정적인 현실이라고 할 수 있다. 국가로부터의 교부금이 늘어나게 될 경우의 문제는, 용도가 고정된 예산이 늘어나게 되어 지방자치단체의 예산 활용의 자율성이 떨어지게 된다는 것이 있다. 보조금이나 특별교부금의 경우가 이에 해당하는데, 중앙에서 원칙을 제시한 목적으로 그것에 맞게 예산을 꼭 편성해야 한다.

지역의 행정가들이나 정치인들은 살고 있는, 그리고 대표하는 그 지역에 있어서는 전문가라고 할 수 있다. 그래서 사용하고 싶은 예산이 있어도 그것을 충족할만한 예산이 없기 때문에 교부금에 눈을 돌리게 되고 중앙에 용도를 변경하는 것에 대해 요청을 계속 하는 것이다. 그렇지만 중앙은 중앙 나름대로의 이유가 있다. 아무리 국세가 지방세에 비해 풍족하다고 하더라도, 어디까지나 유한한 예산이다. 곳간은 풍족할 때 조심해야 하는 법이다. 많아 보인다고 씀씀이를 높이는 순간 바닥을 보이는건 순간이다. 또한 정부가 국세로 추진하는 건 지방에 분배하는 예산만이 아니다. 지역과 무관하게 국가 전체 차원에서 하는 사업들에도 예산이 부족함이 없이 책정되어야 한다.

그렇기 때문에 국가(중앙 정부)에서는 예산 편성에 있어 신중함을 기할 수밖에 없다. 지방자치단체가 자체적으로 판단해서 재정을 사용하게 하는 것보다, 명문화된 우선순위에 따라 예산을 사용하게 하는 것이 한정된 예산을 낭비 없이 쓰는 길이라 판단할 수 있다. 즉, 용도가 정해진 예산의 지급은 국가 예산을 더 합리적으로 사용하는 길인 것이다. 마냥 국가의 재정을 화수분으로 인식하여 돈이 쏟아지기를 바라는 것은 안 된다.

이러한 이유에서 지방에서는 경제적인 자립이 잘 되지 않고 있다고 푸념을 한다. 하지만 모순적인 부분을 발견할 수 있다. 지방분권은 기본적으로 '독립'을 전제로 하는 것인데, 돈은 국가에 계속 요구하는 것, 이건 무언가 말이 안 맞지 않는가? 차라리 솔직해질 필요가 있다. '지방에서는 속마음으로는 자유롭게 돈을 쓰고 있지만 자체적으로 그럴 여건이 되지 않은 상황이니 적어도 여건이 개선될 때까지는 중앙에 힘을 빌리자'라고 말이다.

그리고 사고 실험을 하나 더 진행해보자. 만약 국가의 재정이 풍족하여 모든 지방자치단체에 많은 재정을 지원할 수 있고, 또한 특별교부금이 아닌 보통교부금의 형태로 자율성을 대거 확대하면 어떻게 될까? 참고로 우리가 깊게 생각해볼 문제가 하나 있는데, 대부분의 지방자치단체에서는 전시성 토건 사업이 일종의 업적으로 치부가 된다. 그렇기 때문에, 적자 등으로 이슈화 되기 전까지는 장밋빛 청사진을 그리며 사업을 구상하고 예산을 조달하여 어떻게든 실행하려는 경향이 있다. 하지만 적자는 그대로 시민들과 미래를 살아갈 후손들의 몫으로 남게 된다.

만약 B라는 지방자치단체장이 있을 때, 보통교부금을 전적으로 확대하여 지방의 자율성을 보장한다고 했을 때 이러한 사업들로 예산이 흘러가게 될 가능성이 높다. 왜냐면 B는 재선 혹은 그 이상의 당선을 노려야 하기 때문이다. 선거 공보물이나 지역 입소문에 득이 될 수 있는 사업을 추진하기 위해 보통교부금을 활용하여 사업자금을 조달할 수 있는 것이다. 이러한 차원의 예산 사용도 '자율성'의 한 형태다. 지방분권의 사례라고 할 수 있는 것이다.

우리는 여기에서 지방분권의 역기능을 또 발견할 수 있다. 분권으로 인해 포퓰리즘의 만연이나 지역의 '내 편 살리기'식 예산 잔치가 일어나는 것이 충분히 가능하다. 지방 의회가 충분히 잘 작동하는 것이 중요하지만, 감시의 기능이 잘 작동하지 않는 경우에는 허울뿐인 이름이 된다. 자율적으로 무언가를 한다는 것은 정말 중요한 가치이지만, 자율적인 것에 '합리적'으로 무언가를 할 수 있다는 조건이 함께 들어가야 한다. 현대 사회에서 누구나 자율적 소비자가 될 수 있지만, 아무나 합리적 소비자가 될 수 없는 것과 같은 맥락이다.

한편, 꼭 필요한 사업이지만 많은 비용을 수반하는 사업들의 경우 지방자치단체의 혼자 힘으로는 불가능한 경우가 많다. 예를 들어, 꼭 필요한 도로 개량 사업 혹은 부설 사업이 있다고 하자. 이런 경우 사업 자체의 비용이 한 지방자치단체의 예산을 아득히 뛰어넘는 경우도 부지기수로 존재한다. 이럴 때 결코 지방자치단체는 부채를 안고 공사를 해서는 안 된다. 아무리 지방분권이 중요한 가치라고 하더라도 불가능한 일을 감당하라는 것이 아니다. 앞서 말했듯이 지방분권은 '결과적으로 갖춘 상태에서 권한을 행사할 수 있는 능력'이다. 그러한 능력을 보유하고 있지 않은데 필요한 일이 있다면 중앙에 도움을 요청할 수밖에 없다.

지금까지 이야기했듯이 지방분권의 실현에 있어서 가장 큰 난관은 경제적인 문제다. 지역에서 충당할 수 있는 예산이 없기 때문에 국가의 예산에 종속될 수밖에 없고, 그로 인해 지역에서 원하는 용도로의 예산 사용이 제한된다(사회간접자본도 역시 포함한다). 이것에 더해 자유로운 예산 사용이 가능하다고 할 때, 과연 지방자치단체가 이것을 합리적으로 운용할 수 있는 역량과 감시 체계가 있는지에 대해서도 생각해보았다. 하지만 이 문제는 극복해야 할 문제이고, 또한 국가균형발전정책이 그 과정에서 큰 역할을 할 수 있는 부분이기도 하다. 이러한 문제들에 대해 어떤 식으로 해결 방안을 강구할지와 결과로서의 지방분권의 가치에 대해 다음 단락에서 접근해보도록 하겠다.

결과로서의 지방분권의 가치를 말하다

지방분권은 국가균형발전과 인과관계를 이룬다. 국가균형발전이 원인이고 지방분권이 결과가 되는 것이다. 불균형한 상태에서 분권을 한다는 것은 밑 빠진 독에 물을 붓는 행위와도 같다. 우리는 지방분권을 외치는 정치인들의 수사를 "국가균형발전정책을 시행해서 지방이 잘 살아 분권을 이루어내자"와 같이 변형하여 해석할 필요가 있다. 그렇다면 바로 이전 단락과 연결을 해서 어떻게 하면 결과로서의 지방분권을 완성해낼 수 있을지 고찰해보는 시간을 갖도록 하겠다.

먼저, 국가 차원에서는 지방을 살리기 위한 재원을 충분한 계획을 수립한 후 투입할 수 있도록 해야 한다. 여기서 지방을 살린다는 것에 큰 방점이 있다. 단순히 불끄기 용 혹은 선심성 예산 투입이 아니라, 그 지방이 자립할 수 있는 일종의 '종자돈'을 줄 수 있어야 한다. 앞에서 말한 계획은 중앙 정부에서 일방적으로 제시하는 계획이 아닌, 상향식으로 지방자치단체가 제출하는 계획을 토대로 해서 예산을 분배하는 방향으로 해야 한다. 인구 규모에 따라 양적으로 분배량을 환산할 것이 아니라, 결과의 예상되는 효과를 기초로 하여 분배에 차별성을 두어야 한다.

물론, 현재에도 지역 차원에서 예산을 확보하여 지역 경제와 개발에 활용하고 있다. 하지만 이런 차원이 아니라 국가균형발전의 차원에서 대대적인 '예산 공모 프로젝트'를 여는 것이다. 이러한 기회가 공식적으로 마련되게 될 경우에는, 기존의 산발적으로 해결되던 문제들이 우선순위에 따라 일괄적으로 해결되는 계기가 마련되게 될 수 있다. 또한 지역 사회에서는 어떤 정책과 예산 편성을 통해 보다 지역이 장기적으로 발전할 수 있는 초석을 마련할 수 있을지 고민할 수 있는 계기가 생긴다는 점에서 긍정적이다.

다음으로, 지방자치단체의 예산 사용에 대한 감시 기능을 보다 강화해야 한다. 지역의 예산 활용의 자율성이 높아질 경우 생길 수 있는 투명성의 문제는 앞에서도 언급했듯이 충분히 가능성이 있다. 지방 의회가 엄연히 있는 과정에서 중앙 정부가 감시의 기능까지 전유하려는 것은 또 다른 부패나 유착을 낳을 수 있기 때문에, 이 문제는 상향식으로 해결할 필요가 있다. 바로 지역 주민들의 감시 기능을 보다 활성화하는 것이다. 현재도 주민 감사 청구 제도와 같은 제도가 존재하여 발생할 수 있는 부패 행위에 대해 지역 주민들이 스스로 해결할 수 있도록 하고 있다. 주민 감사 청구 제도의 경우 시민들이 일정 수 이상의 서명을 받으면 감사를 청구할 수 있는데, 더 넓은 홍보를 통해 많은 시민들이 민주 사회의 일원으로서 주체성을 발휘할 수 있도록 해야 한다.

감시의 기능뿐만 아니라, '예산 낭비'에 대한 의식도 더 강화할 필요가 있다. 우리 사회에서는 공적인 예산이 나의 돈이 아니라는 이유로 물 쓰듯이 쓰는 경우가 많이 생긴다. 하지만 이것은 무척 잘못된 생각이다. 결국 나 자신이 납세한 금액이 세금으로 돌아오는 것이고, 이것이 제 기능을 못하게 된다면 나의 납세의 가치가 사라지게 되기 때문이다. 또한 낭비된 예산은 또 다른 증세를 불러일으킬 수 있다. 예산이 적재적소에 쓰이지 못했다면 그것을 복구하거나, 혹은 다른 곳에 써야 할 것에 대해 다시 투자를 해야 하기 때문이다. 이러한 의식 강화에 대한 대책의 일환으로는 소극적인 형태로는 캠페인이 있을 것이고, 조금 더 적극적인 형태로는 법률 개정을 통한 예산 낭비에 대한 책임 강화가 있다. 충분히 낭비하지 않을 수 있었던 예산을 낭비하게 될 경우 법적인 대응도 가능할 수 있도록 법을 정비하는 것이다.

한편, 중앙 정부의 차원에서 국가균형발전의 가장 우선적인 선결 조건이라고 할 수 있는 사회간접자본 건설에 최대한 투자를 많이 할 수 있도록 해야 한다. 물론, 우리나라의 경우 대부분의 국토가 고속도로를 품고 있을 정도로 교통 인프라가 잘 되어있는 편이다. 하지만 그러한 상대적인 수치와 별개로 교통이 미비한 지역도 그에 못지않게 많이 존재하므로 충분한 인프라 확충을 통해 균형발전의 판을 깔아야 한다.

그리고 최근 BTO 방식(사업 주체가 사회간접자본을 건설한 후 소유권을 지방자치단체나 정부에 양도하고, 운영권을 일정 기간 가지는 방식이다)으로 민자 업체에서 먼저 개발을 하고 운영 소득을 업체가 가져가는 식으로 건설하는 사례가 많이 있다. 이 방식을 활용하는 이유는 지방자치단체나 정부 입장에서 당장 나갈 수 있는 지출을 줄일 수 있기 때문이다. 하지만 BTO 방식으로 건설이 진행되었을 때 적자가 심화될 경우 그것에 대한 비용 보전을 지방자치단체나 정부가 그대로 떠안을 수도 있다. 그러한 이유에서 사회간접자본 건설을 할 때 되도록 가까운 미래만 볼 것이 아니라 먼 미래까지 살피는 혜안이 필요하다.

이러한 방안들은 모두 국가균형발전의 힘으로 지방분권을 이루어내는 '산파'의 역할을 해낼 것들이다. 그렇다면, 결과로서의 지방분권을 실현하였을 때 우리는 어떤 가치에 기초하여 지방분권 그 자체를 바라보아야 할까? 먼저 지방분권이 상향식 민주주의의 본질이라는 것을 각인해야 한다. 지방분권은 '자립'하게 된 지역의 증거이다. 인간으로 보자면 경제적으로까지 독립한 성인이라고 볼 수 있다. 자립의 전제는 타의에 의한 의사 결정이 아닌 주체적인, 스스로의 의사 결정이라고 할 수 있는데, 이것은 하향식의 민주주의와는 거리가 있다.

상향식 민주주의라는 말은 얼핏 듣기에는 '주체적'으로 모든 것을 해결하니 좋다는 식으로 생각할 수도 있겠지만, 그만큼 무거운 책임감이 따른다. 주체적인 지역의 결정이 실패하게 된다면, 지방분권은 다시 '요원'해지고 이전의 관리를 받던 과거로 돌아가게 되는 것이다. 하지만 이것은 퇴행이 아니다. 실패는 성공의 어머니라는 격언도 있지 않은가? 중앙 정부로부터 도움을 받는 것은 결코 있어서는 안 될 '징벌'이 아니라 실패를 치료해줄 '병원'인 것이다.

하지만 지방분권이라는 타이틀만 내걸고 '감탄고토'하는 세태는 지양해야 한다. 풀어서 설명하자면, 이익이 될 때는 지방분권을 찾고 손해가 생기게 되면 지방분권을 외칠 때를 나몰라라 하고 중앙 정부를 찾는 세태를 말한다. 지방분권을 시작하게 된다면 가장 중요한 것은 지역에 대한 '책임감'이다. 이것은 정말 아무리 강조해도 부족함이 없는 말이라고 할 수 있다. 책임감을 단순히 정치나 행정에 있는 사람만이 갖는 것이 아니라, 지역 사회의 구성원들이라면 누구나 주인 의식을 가지고 책임감을 가져야 한다.

그리고 결과로서의 지방분권은 다시 국가균형발전으로 순환해야 한다. 지방분권이 완성되었다고 하더라도 다시 처음으로 돌아가서 국가균형발전 정책은 유지해야 한다. 지역도 사람과 같이 생명체와 같아서, 계속 그 생명력을 유지하기 위해서는 부단히 새로워져야 한다. 이미 형성된 제도나 인프라는 모두 시간이 지나면 퇴행하게 된다. 그렇기 때문에 이것을 계속 돌아보고 정비하는 과정이 필요하다.

지방분권이 실현된 후에 후속적으로 적용하게 될 국가균형발전 정책은 그리고 이전에 추진하였던 정책과는 양상이 다를 것이다. 이전의 정책들은 무언가를 '만들어 내는 것'에 초점을 두었더라면, 어느 정도 지역의 발전이 이루어 진 뒤의 정책은 '지역 내 불균형' 과 '소외'에 더 관심을 가져야 한다. 경제의 자정작용을 너무 맹신하면 사각지대를 포착하지 못해 더 큰 양극화를 초래하게 된다. 양극화의 완화는 균형발전의 기본적인 철학으로, 안정적인 사회의 유지를 위해 필수적이기도 하다.

결국 지방분권의 능력이 갖추어졌다는 것은, 그만큼 지방자치단체 스스로 지역의 구성원들을 살필 수 있다는 말이 되기도 한다. 지역 화폐나 카드를 통해 복지를 위한 긴급 지원이 지역 경제 활성화에 도움이 될 수 있도록 계획을 세울 수 있을 것이다. 하지만 정치인들이나 행정가들은 꼭 필요한 복지와 인기 영합성의 선심성 정책을 구분해야 한다. 이 말은 선택적 복지와 보편적 복지 사이의 양자택일을 의미하는 것이 아니다. 그 복지가 진정 필요한 곳에서 힘을 발휘할 수 있느냐에 관한 것이다. 복지가 필요한 상황에서 재정이 없어 그것이 세상에 나올 수 없다면, 좌절스러울 수밖에 없다. 지방분권의 실현 단계에서는 이전의 국가에 대한 종속 정도가 큰 단계를 피하기 위해서라도 예산의 합리적인 운용은 필수적이다.

Ⅳ. 교육으로 균형의 미래를 말하다

그리고 마지막으로, 지방분권에 대한 여러 정리되지 않은 사회적 제안들에 대해 고찰하여 사회적인 합의를 통한 결과물을 내야한다. 즉, 제안들을 검토해서 필요한 것만 추려내자는 의미다. 몇가지를 거론해보자면, 먼저 '지방정부' 논의가 있다. 현재의 지방자치단체가 대한민국 정부라는 최상위 조직의 하위 조직의 느낌이라면, 지방정부는 그 이상의 자치권을 가지는 조직체라고 할 수 있다. 물론, 지방자치단체의 동의어로 지방정부도 통용되고 있는 상황이다. 어떠한 용어를 쓰느냐는 본질이 아니다. 하지만 여기에서 방점은 '자치권의 확대'에 있다.

자치권의 확대라는 말은 꽤나 모호하다. 어느 시점에서 시작하여 어느 한계선까지 확대를 하는 것인지 보통 구체적으로 이야기가 나오지 않는다. 하지만 확실한 건, 높은 수준의 자치를 지향하는 사람들 중에는 소위 '연방제'의 수준까지로 확대를 해야 하지 않겠냐 하는 의견도 있다. 하지만 연방제의 경우는 다른 연방제를 채택하고 있는 나라들과 비교했을 때 면적이나 역사적인 배경 면에서그 근거가 미흡하다.

또한 연방제를 실시하였을 때, 자치 경찰제나 자치 안보(미국의경우 주 방위군의 형태로 개별 주의 군대가 존재한다)를 도입하게 될 가능성이 높은데, 역사적으로 중앙에 의한 통제와 관리에 익숙했던우리나라에서는 과연 그것이 가능한지, 또 제대로 작동할지에 대해 의문을 가질만 하다. 자치 경찰제의 경우 가장 우려를 받는 부분이, 자율권을 활용하여 지방 토호 세력들과 결탁하여 또 다른 부패를 양산할 수 있다는 것이다.[40] 적어도 이러한 결과가 예상될 수 있는 정책에 대해서는 그것을 막을 수 있는 추가적인 대안을 고려해야 하는데, 그러한 고려 없이 순기능만을 생각하는 것은 적절치 못하다.

나는 지방자치단체의 자치 확대를 중앙정부와의 긴밀한 상호작용 아래에서 이루어야 한다고 생각을 한다. 결국 지방자치단체는 국가라는 한 배에 탄 부분이다. 자율성이 확대될 수는 있지만 다른 구성요소, 그리고 전체와의 조화 속에 이루어져야 한다. 그러한 이유에서 나는 중앙 정부와 지방자치단체의 협의체를 상설화하여 다른 지방자치단체나 국가에 영향을 줄 수 있는 정책들에 대해 조율하는 과정이 필요하다고 생각한다. 이 과정을 통해 지방자치단체 간의 관계나 정부의 정책 추진 연속성이 원활하게 유지될 수 있을 것이라 기대한다.

다음과 같이 결과로서의 지방분권을 이루기 위한 방안들과 지방분권이 어떠한 방향으로 이루어져야 하는지에 대해 생각해보았다. 우리가 원하는 그림의 지방분권이 실현되는 시점은 생각보다 오래 뒤가 될 수도 있다. 기본적으로 많은 재원이 필요하며, 지역 경제도 자족에 가까워져야 하기 때문이다. 그렇지만 어떠한 정책이든 실현 과정에서 시행착오들을 줄여가며 완성에 가까워질 수 있다. 방향이 옳다면 크게 급할 필요는 없다. 마지막으로 지방분권은 그것이 온전히 실현되더라도 국가균형발전 정책을 항상 곁에 두고 발전의 동력으로 삼아야 한다. 멈추는 것은 빠르게 변화하는 지금의 현실에서는 정체가 아닌 퇴행으로 가는 길일 수도 있기 때문이다.

02
국가균형발전교육,
천천히 교육의 현장에 들어와야 한다

국가균형발전의 가치는 연일 언론과 세간에서 입방아가 오르내리고 있다. 수도권의 과밀 문제와 잡히지 않는 집값은 결코 수도권이라는 장에 쏠린 강한 초점이 분산되지 않는 이상 쉽게 해결되기가 어렵다. 이러한 초점이 계속되는 이유는 우선적으로 사람들의 의식 속에 각인되어 있는 수도권에 대한 지향 의식이 사라지지 않기 때문이다. '말은 제주도로 보내고, 사람은 서울로 보내라'라는 옛 속담이 아직까지도 맥락이 통하는 방증이라고 할 수 있다.

우선 수도권에 집을 사면 결코 떨어지지 않는다는 공고한 믿음이 사람들 사이에서 넓게 형성되고 있다. 2020년 7월 발표된 종합부동산세와 양도세를 인상해 부동산 안정화를 추진한 '7.10 부동산대책' 이후에도 서울 및 수도권의 부동산 상승세는 지속되고 있다.

특히 경기도의 경우 '행정수도 이전 이슈'를 머금은 변수 지역인 세종을 제외하고 전국에서 가장 높은 부동산 가격 상승률을 보였다. 서울과 인천 역시 꾸준한 상승률을 보여 기존 부동산 가격에 비추어봤을 때 점점 더 서민층의 자가 주택 마련은 어려워지고 있다.[41]

많은 사람들이 지향하는 양질의 일자리를 제공할 수 있는 산업 기반들은 수도권에 보통 집중되어 있다. 지방의 청년들은 살던 지역에 남고 싶어도 생계를 위해 수도권으로 짐을 싼다. 하지만 일자리를 위해 이주를 했을 때, 주거의 문제와 물가 등과 같은 삶의 질의 문제로 다중고를 겪는다. 또한 윤택한 삶의 영위를 위한 각종 기능들도 수도권에 집중되어 있으며, 지방에서는 그러한 혜택을 누리기가 점점 어려워지고 있다. 지속적인 인구 유출이 이것에 영향이 있으며, 지금과 같은 인구 구조가 지속될 때는 지방을 일자리뿐만 아니라 삶의 조건이 형성되지 않았기 때문에 떠나는 현상까지 심화될 것이다.

이러한 문제들은 우리나라가 지금 처해 있는 현실과 분명 맞닿아 있으며, 단순히 짧게 '불편하다' 식으로만 생각해서는 문제 의식을 구체적으로 갖기 힘들다. 감정을 짧게 생각하고 넘어가는 수준에서 끝나는 것이다. 하지만 대부분의 사회적인 문제가 그렇듯이, 소수의 몇 명의 관심과 실행으로는 사회가 바뀌기가 어렵다. 많은 사람들이 관심을 가지며 담론을 나누고, 그를 바탕으로 아이디어가 활발히 오고 가서 공론장에 후보가 될 수 있는 정책이 많이 등장해야 사회 변화의 씨앗이 나타날 수 있다.

앞서 3장에서 국가균형발전의 가치와 실현 방향을 교육에 접목할 이유에 대해 논한 다음, 어떻게 구체적으로 교육에서 실현해낼 수 있을지 '내용적' 측면에서 살펴보았다. 이번 4장에서 국가균형발전교육의 방향에 대해 이야기를 하게 될 것인데, '방법적' 측면, 즉 실제적으로 어떻게 국가균형발전교육을 교육 제도권 안으로 들어오게 할지 그 방법을 생각해볼 것이다. 아무리 내용적인 틀을 갖추었다고 하더라도, 실제 제도권으로 편입되지 않는다면 공인된 교육으로 인정받을 수 없다.

이 단락은 크게 네 가지 틀에서 이야기를 해보려고 한다. 먼저, 학교와 연구기관을 비롯한 교육을 지원할 수 있는 기구, 그리고 지역사회가 함께 공조하는 국가균형발전교육에 대한 연구 체제에 대해 이야기하려 한다. 국가균형발전교육의 완성은 어느 한 주체만의 시도가 아닌 다양한 주체들의 상호작용 속에서 이루어질 수 있다. 둘째, 국가균형발전을 국가 수준의 교육과정에 반영하여 교육의 근거를 공식적으로 만드는 것에 대해 이야기를 하려 한다. 셋째, 국가균형발전교육 교과서 제작에 대한 논의를 해보려고 한다. 국가균형발전의 주제를 어떻게 교과와 창의적 체험활동 등에 명문화할 수 있을지에 대한 고민들을 함께 해보는 시간이 될 것이다. 독도나 다문화 문제 등과 같은 이슈도 개별 교과서화가 가능하듯이, 국가균형발전 역시도 교과서로 만들어질 수 있는 이슈다. 이것에 대한 근거

에 대해 논해보고자 한다. 마지막으로 국가균형발전을 '평생교육'
의 관점에서 어떻게 다룰 수 있을지에 대한 논의로 이 단락을 마치
려고 한다.

교육은 백년대계라는 말이 있다. 이 말은 교육의 중요성을 설파
한 것으로, 한 시대의 교육이 100년의 영향력을 발휘할 만큼 국가
의 근간이 된다는 의미다. 어느 한 내용이 교육에 포함된다면, 그
교육을 받은 학생들이 자라나 그것을 '가치'로 인식하여 판단할 수
있는 여지가 생기게 된다. 지금까지 우리나라가 '집중 발전'에 초점
을 두었기 때문에 교육 역시도 그것과 관련한 효율화를 강조하는
것에 치우쳐왔다. 이제는 변화를 할 때다. 균형발전의 가치를 교육
에서 시작하여 새 시대에 맞는 새로운 가치관을 길러낼 수 있도록
해야 한다. 국가균형발전교육의 연구에 관한 내용 먼저 뒤이어 살
펴보도록 하자.

국가균형발전교육, '삼각 공조'로 설계한다

교육의 주체는 그것을 바라보는 범위에 따라 다르게 규정될 수
있다. 실제 교육이 일어나는 최전선을 기준으로 할 때, 일반적으로
교육의 3주체로 학생과 학부모, 그리고 교사를 설정하는 경우가 많
다. 이것은 실제 교육의 일선이라고 볼 수 있으며, 흔히 생각하는
교실 현장이라고 생각해도 거의 무방하다. 교실이라는 작은 공간에

서 위 3주체는 다양한 색깔로 상호작용하며 한 해의 교육을 꾸려 나간다. 교사와 학생의 관계에서 교수-학습과 동시에 생활과 관련한 지도-수용이 일어난다. 교사와 학부모는 상호작용을 통해 학급 운영 혹은 나아가 학교 운영에 대한 관점을 공유하고 바꾸어 나간다. 그리고 학생과 학부모는 가정이라는 장에서 학교의 교육을 실천토록 하고, 반대로 학교에서의 교육을 위한 준비가 이루어질 수 있게 한다.

교육의 주체에 대한 범위를 확장해서 보면, 주로 환경적 측면에서 주체를 설정할 수 있는데 보통 학교와 교육 부처(교육지원청, 교육청, 그리고 교육부까지도 포괄한다), 지역 사회를 3주체로 설정할 수 있다. 여기에서 교육 부처는 관료들로 한정지었는데, 연구기관까지도 이곳에 포함하여 '넓은 의미에서의 교육에 도움을 주는 공적 기관'으로 규정하는 것이 더 적절할 것이다. 필자는 여기에서 '교육 지원 기구'라는 말을 사용하여 관료와 연구기관을 통합하여 사용하고, 이 중에서도 연구기관에 더 초점을 두어 서술을 할 것이다(주로 대학이나 연구소 등을 의미한다).

거시적 관점에서의 교육의 3주체(환경적 측면으로 명명할 수도 있다)인 학교와 교육 지원 기구, 그리고 지역 사회가 함께 상호작용을 통해 국가균형발전교육에 대해 연구한다면 방향 설정이나 내용 구성에 있어 훨씬 더 큰 효과를 가져올 수 있으리라 생각한다. 각자의 개별 주체들이 보유하고 있는 자원이나 특색이 다르기 때문에 이들이 합쳐질 경우 어느 한쪽만이 단독적으로 연구를 진행할 때보다 가용할 수 있는 일종의 '지적 재료'가 풍부해진다. 연구의 완성이 건축물을 구성하는 것이라고 가정할 때, 연구 재료를 벽돌로 유추한다면 이것이 많을수록 연구의 성공 확률이 높아지는 것은 자연스러운 맥락이다.

개별 주체들에 대해 하나씩 살펴보자면, 첫째, 학교의 경우 미시적 차원에서의 교육의 3주체들이 상호작용하는 장이다. 그러한 이유에서 교육의 대상인 학생들은 가장 현실적으로 가깝게 볼 수 있는 공간이며, '현재'의 학생들이 가지는 관심사나 세대의 특징 등을 가장 정확하게 파악할 수 있는 곳이다. 연구기관에서는 과거 학자들의 연구 결과들을 토대로 학생들의 발달 특징을 나이로 범주화해 통일하는 경향이 있다. 하지만 그것은 적어도 수십 년 전의 결과를 분석한 것이고, 지금은 새로운 표본들을 통해 접근할 필요가 있다.

현재 학생들에 대해 분석하는 것이 필요한 이유는, 개별 이슈에 대한 관심도나 배경 지식 등을 파악할 필요가 있기 때문이다. 요즘 시대의 학생들의 경우 과거(2010년 이전)의 학생들과 비교하였을 때, 스마트폰의 보급으로 인해 정보를 습득하는 양이나 속도가 비교가 되지 않게 많고 빨라졌다(물론 이것은 정보의 깊이나 지식의 공고화와는 꼭 비례하지 않는다). 그렇기 때문에 과거의 데이터로 접근하게 되면 현재 학생들에게 자칫 식상할 수 있는 자료를 제공하게 될 수도 있다. 국가균형발전교육을 준비한다고 할 때, 학교에서 학생들의 국가균형발전에 대한 인식 수준을 먼저 조사하고, 연관된 내용에 대해서도 인지하고 있는지 확인한다면 교육과정이나 교재 구성에 있어 훌륭한 기초 자료가 될 수 있다.

이러한 교육 구성에 있어서의 기초 자료를 추출해내는 것은 다른 교육의 미시적 3주체인 교사와 학부모의 역할이 크다. 교사와 학부모는 정량적 측면뿐에서 보다는 질적인 측면에서 학생들을 분석하여 연구의 기초를 마련하는 큰 역할을 수행할 수 있다. 질적인 측면에서의 분석은 주로 면담이나 쓰기 활동을 통해 드러날 수 있는 학생의 사전 지식들에 대해 확인하는 것이 주를 이룰 것이다. 이러한 측면을 보다 강조해야 하는 이유는, 양적 측면들의 경우 단편적인 지식들을 주로 확인할 수 있지만 질적 측면들의 경우에는 학생들이 가지고 있는 사고를 확인할 수 있기 때문이다.

둘째, 교육 지원 기구는 앞서 말했듯이 교육지원청이나 교육청, 또는 교육부와 같은 관료 기구와 대학이나 연구소 등과 같은 연구 기관으로 나누어서 볼 수 있다. 관료 기구에서는 가장 중요한 역할이 교육을 위한 예산의 충분한 확보다. 국가균형발전교육의 경우 교육의 특성상 현장 학습이나 다른 교보재를 통한 학습이 필요한 경우가 많다. 특히 조사 학습의 경우 경우에 따라 스마트 수업(주로 태블릿 PC 등을 활용한다)을 활용할 때가 있으므로 관련 예산에 대해 각급 학교에 충분히 지원하는 것이 필요하다.

또한 관료 기구에서는 국가균형발전교육이 교육과정에 명문화가 되게 된다면 전담 부서에서 관련 내용에 대해 지원할 수 있도록 매뉴얼이나 전달 연수 등을 구성할 수 있도록 해야 한다. 매뉴얼의 경우 교육과정에 대한 일종의 해설이자 현장에서의 실제적 지침 역할을 할 수 있기 때문에 일선 교사들에게 많은 도움을 줄 수 있을 것이다. 그리고 전달 연수의 경우 단순히 교육에 대한 지침 사항을 알리는 연수를 지양하고, 주제(국가균형발전)에 대해 지적 이해 등의 역량을 강화할 수 있는 실효성 있는 연수가 되어야 한다. 교사들이 성장할 수 없는 연수는 시간 때우기에 그치고 말 것이다.

그리고 연구기관의 경우 국가균형발전교육의 교육과정 설계 및 개발에 있어 가장 중추적인 역할을 할 수 있는 기관이다. 교육계 연구인뿐만 아니라 국가균형발전의 제반 사항과 관련이 있는 다양한 분야의 연구 인력들이 함께 연구하여 '통섭의 가치'를 구현해낼 수 있을 것이다. 그리고 연구기관의 경우 단기로 구성되어 목적만을 달성한 후 해체되는 임시 기구가 아니라 장기적인 상설 기구화를 통해 연구를 지속할 수 있어야 한다. 국가균형발전교육과 관련한 연구기관은 교육에 대한 학문적 연구와 자문도 가능하지만, 정부 차원에서의 국가균형발전 정책에 대한 연구와 자문역도 충분히 가능하기 때문이다. 그리고 장기적인 연구기관으로 자리잡았을 때, 더 많은 인재들이 모여들어 관련 연구의 질을 제고할 수 있을 것이다.

마지막으로 셋째, 지역 사회의 경우 국가균형발전교육에 있어 실제적인 학습의 장을 제공한다는 점에서 큰 의의가 있다. 사회과에서 역사와 관련된 내용을 효과적으로 학습하기 위해서는 실제 현장답사를 통한 '체험'의 측면이 필수적이다. 이론으로만 보던 것을 직접 경험함으로써 가질 수 있는 살아있는 지식은 그 필요성을 강조해도 부족하지 않다. 이러한 체험에 있어서 지역 사회의 도움은 상당히 큰 힘이 된다. 어떠한 답사지가 있다고 할 때, 그 답사지에 대한 관리의 성패는 지역 사회의 관심과 관리에 있다고 볼 수 있다. 이것을 국가균형발전의 차원으로 관점을 바꿀 때, 지역 사회 차원에서 국가균형발전과 관련한 학습 기회의 준비 여부는 교육의 질에 큰 차이를 가져온다.

그렇다면 지역 사회 차원에서 국가균형발전교육을 위한 장과 기회를 마련하는 방안에는 어떤 것이 있을까? 역사 주제의 경우 구체적인 유적지와 같이 그 '형태'가 어느 정도 실존한다고 볼 수 있지만 국가균형발전의 경우 세종특별자치시나 혁신도시와 같은 실제 도시와 같은 사례가 아니면 쉽게 감이 잡히지 않을 수 있다. 개별 지역 차원에서 국가균형발전에 대해 학습의 장을 마련하는 방안은 지방자치단체 차원에서 추진하고 있는 균형발전 사업에 대해 안내할 수 있는 홍보관이나 안내판 등을 만드는 것이다.

홍보관의 경우 해당 지방자치단체의 균형발전 정책들이 모여 있어야 하며, 학생들의 현장학습을 염두에 두기 때문에 되도록 이해의 수준을 맞출 수 있도록 해야 한다. 그리고 이러한 정책들이 왜 필요한지에 대한 '답'을 찾을 수 있게 하는 것이 중요하다. 안내판의 경우 실제 정책이 추진되고 있는 장소에 현장학습을 돕기 위해 설치할 수 있다. 예를 들어, 도시재생사업을 위한 '마을 살리기' 혹은 '도심 정비 사업'이 일어나는 곳이 있다고 가정하자. 이곳에 어떠한 이유에서 공사가 진행되고 있으며, 이 공사의 효과가 무엇인지에 대해 상세히 적혀있다면 충분히 훌륭한 학습 매체가 될 수 있다. 그렇다면 단순히 '공사장 주변'으로 남을 수 있는 장소가 국가균형발전을 위한 좋은 학습 장소로 바뀔 수 있다.

이러한 홍보관이나 안내판 등에 더해서 지역의 균형발전 정책을 홍보하는 책자를 만들어서 배포하는 방안도 생각해볼 수 있다. 지역 내에서 보통 실행할 수 있는 국가균형발전의 방법적 원리로는 '다기능 통합지역'이나 '다핵화 균형지역' 등이 있다. 낙후된 지역에 다양한 기능의 시설을 유치하여 삶의 질을 향상시킨 사례, 또는 중심지를 다양화하여 어느 특정 지역에만 발전이 집중되는 것을 막고 골고루 발전하는 것을 지향하는 사례 등이 이 책자에 담길 수 있을 것이다. 하나 주의해야 할 것은, 이 책자는 전적으로 교육을 위한 목적으로 만들어져야 한다. 특정 정치인이나 정당의 치적을 홍보하기 위한 수단으로 전락하지 않기 위해 중립성과 객관성을 유지할 필요가 있다.

학교와 교육 지원 기구, 그리고 지역 사회는 각자 다양한 역할들을 국가균형발전교육의 실현을 위해 수행할 수 있으며, 이 역할들은 모두 중요성에 있어 우열을 가리기 힘들 정도로 중요하다. 하지만 개별 역할이 모두 중요한 만큼, 어느 한 요소가 너무 부각되거나 힘이 실린다면 조화가 깨질 수 있다. 이 단락의 제목에서도 언급했듯이 중요한 것은 이 세 개의 주체들의 '공조'다.

어떠한 정책이든 가장 중요한 것은 그 정책이 실행되기 전에 어떠한 평가를 받는지 보다 그것이 실제 실행되었을 때 외부로 미칠 수 있는 파급력에 대한 평가와 반성이다. 아무리 좋은 평가를 받으며 기대를 받고 시작했던 정책이 실제 사회에 적용되었을 때 철저히 좌절했던 사례를 많이 볼 수 있었다(주로 부동산 정책에서 많이 발생한다). 국가균형발전교육에 있어서의 각 주체들의 역할도 그러하다. 어느 한 주체가 어떠한 정책을 시도하려고 할 때, 그것이 다른 주체들과 그 외부에 미칠 수 있는 영향력을 재고해야 한다.

이러한 것을 사전에 협의하여 완급 조절을 할 수 있는 것이 바로 '3주체의 협의체'라고 생각한다. 이 3주체 협의체의 경우에는 먼저, 상설 기구화가 아닌 각급 학교와 또는 각 지역 사회에 맞는 교육을 위해 언제든지 출범 및 해체가 자유로운 유연한 형태를 가져야 한다고 의견을 제시하고 싶다. 시기적 상황과 필요한 안건에 의해 조직을 유연화하는 것이라고 할 수 있다.

그리고 비수도권 지역의 어느 학교에서의 협의 내용과 수도권 지역의 어느 학교에서의 협의 내용은 분명한 차이가 발생하는데, 그 지역에 맞는 교육이 협의체에 의해 가능할 것이다. 3주체의 협의 과

Ⅳ.교육으로 균형의 미래를 말하다

정을 통해 정책의 실행 과정에 있어서의 시행착오를 사전에 예방할 수 있고, 주체 사이의 소통이 개선되어 국가균형발전교육의 효과적인 실현에 더욱 보탬이 될 것이다.

한편 3주체 협의회의 경우 필요에 따라 언제든지 자유롭게 소집될 수 있어야 한다. 일선 학교에서 국가균형발전교육에 대해 자문이나 자료 측면에 있어서의 도움이 필요하다면 교육 지원 기구나 지역 사회에 지원을 신청할 수 있을 것이다. 교육 지원 기구가 자신들의 연구 결과에 대해 적용 사례를 발굴하고 싶다면 또한 학교나 지역 사회에 요청을 할 수 있을 것이고, 지역 사회가 자신들의 국가균형발전 정책에 대해 공론을 만들고 싶을 때 학교나 교육 지원 기구에 요청을 할 수 있을 것이다. 세 주체는 이렇게 맞물리는 양상을 보인다. 사전에 '자원 목록'과 같이 미래에 있을 지원에 대해 서로 양해 각서를 체결한다면 보다 필요한 상황에 지연을 최소화하면서 도움을 받을 수 있을 것이다.

위의 내용과 같이 국가균형발전교육에 관해 교육의 거시적 3주체들이 상호작용을 통해 서로를 보완해가며 교육의 담론을 계속 구축해간다면 보다 섬세하면서 실제를 반영한 교육이 탄생할 수 있을 거라고 기대한다. 처음에는 물론 각자의 이해관계가 맞물리기 때문에 협력 관계의 구축이 어려울 수도 있다. 하지만 '백지장도 맞들면 낫다'고 하듯이 협업의 가치를 늘 상기하며 주체들 간의 성공적인 상호작용을 이루어내기 위해 노력해야 한다. 앞에서 말하였듯이, 공조의 관계가 지속될 때 국가균형발전교육에 빛이 들 수 있다.

국가 수준의 교육과정에 국가균형발전이 들어온다면?

교육과정(Curriculum)은 여러 견해에 따라 다르게 정의될 수 있고, 또한 그것을 보는 '차원'에 따라 범위를 달리하여 규정될 수 있다. 2015 개정 교육과정 원문을 참고하면 국가 수준 교육과정에 대한 주석을 통해 교육과정의 정의를 살펴볼 수 있는데, 이를 통해 '교육 내용에 관한 일반적인 기준'이라고 보편화된 정의를 도출해낼 수 있을 것이다. 여기에 한 가지 조건을 더 붙이자면 교육과정은 공식적으로 혹은 공인된 문서라는 말까지 덧붙일 수 있다. 단순히 구전되어 일부에 의해 '경험의 전수' 식으로 전달되는 것이 아닌, 공식적으로 참고할 수 있는 참고 자료라고 인식할 수 있는 것이다.

그리고 교육과정의 경우 국가 수준의 교육과정에서부터 중간 단계인 지역 수준의 교육과정(이것은 지방 교육청과 교육지원청으로 세분화된다), 그리고 가장 뿌리라고 할 수 있는 개별 학교 수준의 교육과정으로 차원을 달리하여 볼 수 있다. 국가 수준의 교육과정을 가장 정점으로 본다면, 아래 차원으로 내려갈수록 지역적 특색과 시기에 따라 교육과정에 변화가 생길 수 있다. 하지만 국가 수준의 교육과정은 다른 교육과정들의 기준이 되며, 다른 교육과정들이 변화할 수 있는 근거를 제시한다는 점에서 큰 의미가 있다.

국가 수준의 교육과정은 교육부와 연구기관(주로 한국교육과정평가원이 주축이 된다), 그리고 일선 교사들의 검토 등이 합쳐져서 개발이 된다. 홍후조(1999)는 교육과정의 개발의 '추진 주체'는 교육부고, 연구는 전문가(주로 대학 교수)들이 진행하며, 현장의 교사들이 직접 학교에 적용하고 검토하는 과정으로 정리한다.[42]

국가 수준의 교육과정은 전체적인 교육과정의 방향과 기준을 제시하는 총론 문서와 개별 교과 및 창의적 체험활동의 교육적 기준을 제시하는 개별 교과(창의적 체험활동) 교육과정으로 구성되어 있다. 총론 문서의 경우 교육과정을 편성 및 운영하는 전체적인 틀을 제시하기 때문에 개별 주제에 대해서는 단편적인 언급 정도가 있고, 어떠한 방향으로 적용이 가능할 지에 관한 지도의 포괄적인 기준에 대해서 주로 언급이 존재한다.

이를테면, 2015 개정 교육과정의 편성 및 운영 기준 부분에서 초등학교에서는 정보통신교육과 보건교육, 한자교육에 대해서 체계적인 지도가 일어나야 한다는 언급이 있으며, 중학교에서는 자유학기제와 학교 스포츠클럽 운영에 대한 기준 등이 제시되어 있다. 위와 같은 세부적인 주제에 대한 교육의 명시는 사회적으로 중요하거나 혹은 기초 학력의 관점에 있어서 중요성을 인정받기 때문에 따로 강조한다고 할 수 있다. 또한 각급 학교 공통 사항으로, '범교과 학습주제'에 대한 내용이 있어, 국가나 사회적으로 중요하게 인식되는 문제에 대해 10가지의 학습 주제[43]를 제시하고 있다.

국가 수준의 교육과정에서 언급이 된다는 것은 그만큼 주제의 중요성을 인정받는 단추라고 할 수 있다. 범교과 학습주제의 경우 교육과정에서도 명시되어 있듯이 교육활동 전반에 있어서 다룰 수 있는 통합적 소재로 규정되어 있다. 교과에서는 이미 관련 내용이 교과 내용에 반영되어 교육활동에서 다룰 수 있기도 하고, 또한 창의적 체험활동 시수를 활용해 교사가 자율적으로 재구성을 할 수도 있는 것이다. 교육과정에서 명시가 되게 될 경우 중요성을 공인받은 것과 같기 때문에 일선 학교에서도 훨씬 그 내용에 대해 다루게 될 여지가 높아진다.

국가 수준의 교육과정 총론 문서에서 국가균형발전이 명문화되어 교육적 가치를 인정받기 위해서는 '범교과 학습주제'에 그 이름을 올리는 것이 필요하다고 생각한다. 기존의 범교과 학습주제들이 국가, 사회적으로 인정받아 교육과정에 등재되었는데, 국가균형발전의 가치 역시 그에 못지 않는다. 민주 시민 교육이나 경제·금융 교육만큼이나 가장 새로운 사회적인 이슈에 민감할 수 있으며, 인성이나 인권 교육만큼이나 '삶'에 대한 고찰과 인간애를 가질 수 있다. 다문화, 독도, 통일 교육 만큼 학생이 스스로 문제 해결자의 입장이 되어 주체적 학습을 할 수 있는 가능성이 크고, 환경·지속가능발전 교육만큼이나 미래 사회에 대한 진지한 고민이 가능하다는 점도 범교과 학습주제가 될 수 있을 충분한 이유로 들 수 있다.

물론 교육과정의 적정화(경량화로도 이야기할 수 있다)의 경우 시대적인 흐름이기도 하다. 2009 개정 교육과정에는 범교과 학습주제가 39개에 달하였다. 그 중에서 축소 및 개편이 되어 2015 개정 교육과정에서 10개가 되게 된 것이다. 하지만 가치가 있는 주제에 대해서는 교육과정에 명문화될 수 있는 기회를 부여하는 것이 옳다고 생각한다. 연구기관의 전문가들과 현장 교사들, 그리고 교육과정의 발의 기관인 교육부의 치열한 숙고를 통해 국가균형발전의 교육과정 명문화에 대해 고민할 수 있는 기회가 마련되어야 한다.

개별 교과에서는 더 구체적인 방향에서 교육과정의 설계가 이루어져야 한다. 특히 3장에서, 교과에서 국가균형발전과 교육을 접목시킬 방안을 논의해 보았는데, '국가균형발전'이 전면으로 나타날 수 있는 것은 역시 사회 교과이다. 사회 교과의 교육과정에서 내용 체계와 성취 기준(학생의 성취 도달도에 대해 제시한 기준이다)에 국가균형발전과 관련한 내용을 명시하여 구체적인 교육이 이루어질 수 있도록 해야 한다. 국가 수준의 교육과정에 우선 명시가 되게 되면, 그에 따라 교과서가 개발되기 때문에 단순한 교사의 추가적인 언급이나 보조 자료에 비해 더 공식적인 교육이 가능하게 된다.

그리고 교육과정 개발 단계에서는 국가균형발전에 여러 학문이 교차할 수 있다는 점을 고려하여 다양한 분야의 전문가들을 집필진으로 할 필요가 있다. 국가균형발전의 목적과 필요성에 관한 부분에서는 도시 문제나 지역 문제에 관한 전문가가 필요하다. 그리고 국가균형발전의 방법론과 이론적 문제에 있어서는 지리학이나 도시계획학, 그리고 건축학 분야의 전문가가 활약할 수 있을 것이다. 그리고 국가균형발전과 관련한 사회적 문제(정책과 사회와의 관계)의 경우 정치·행정 전문가의 역할이 필요하다. 이러한 전문가들의 협업을 통해 만들어진 교육과정의 체계는 더 튼튼해지고, 이것은 내용적으로 알찬 교과서를 만드는 데 큰 도움이 될 것이다.

사회 교과 이외의 과목들에서는 교육과정 상의 용어 언급을 하는 것이 개별 교과의 계통을 침해하는 것일 수 있다. 그래서 바로 앞부분에서 이야기했듯이 범교과 학습주제를 활용한 교사들의 자율적인 재구성 수업을 권하는 것이 가장 좋은 방법이다. 이것의 전제조건은 국가균형발전이 범교과 학습주제의 지위를 갖는 것으로, 국가, 사회적으로 중요한 주제의 학습을 위해 다른 교과에서의 적용도 충분히 가능하다고 본다. 하지만 범교과 학습주제의 지위를 갖지 못하였을 때는, 국가균형발전이 시기와 사회적 이슈에 맞는 주제로서 충분히 교육적 소재가 될 수 있다 파악하며 교사의 자율성에 맡기는 방법이 있다.

또한 교과 이외의 창의적 체험활동의 경우에도 따로 교육과정에 있어서의 명시보다는 범교과 학습주제나 교사의 자율적인 교재 활용을 통해 각 영역의 활동을 구성할 수 있을 것이다. 교과와 비교하여 창의적 체험활동의 경우 특히 정해진 교재가 있는 경우보다 교사의 주도로 학습 자료를 꾸리는 경우가 많기 때문에 막연할 경우가 생길 수가 있는데, 이러한 부담을 경감하기 위해 교재 '풀'을 만들어 현장에서 풍부하게 사용할 수 있는 계기를 마련해야 한다. 교재 풀의 경우 연구기관이 주축이 되어 제작할 수도 있겠지만, 현장 교사들의 참여도 수렴하여 실제성이 있는 교육 자료를 확보하는 것도 중요하다.

이상에서 살펴본 것처럼, 교육과정에 국가균형발전이 명시되는 것은 교육의 구체화와 공식성을 인정받기 위해서 꼭 필요한 일이다. 국가 수준의 교육과정에서 국가균형발전의 용어가 명시될 수 있는 가장 적합한 곳은 '범교과 학습주제'다. 국가 및 사회적으로 중요한 문제에 대해 교육 활동에서 다룰 수 있는 공식적인 근거를 부여하기 때문이다. 교과와 창의적 체험활동 전반에 걸쳐 교사가 국가균형발전교육을 펼칠 수 있는 토대가 더 확실히 잡힐 수 있다. 그 다음으로, 개별 교과에서는 사회 교과를 중심으로 교육과정에 용어 명시를 하여 내용을 체계화하고, 나아가 교과서 개발로 이어질 수 있도록 해야 한다. 국가 수준의 교육과정에서 국가균형발전이 명문화되어 자라나는 세대가 공부할 수 있는 교육적 개념이 되기를 기원한다.

교과서로 국가균형발전교육의 날개를 달다

학교 현장은 일반적으로 교과서를 통해 지식의 상호작용이 일어난다. 아무리 교사가 능동적으로 교육과정의 내용을 기반하여 다양한 수업을 펼치는 '교육과정 재구성'을 실시한다고 하더라도, 교과서가 좋은 교재임에는 큰 이견이 없다. 교과서의 경우 관련 분야에서 깊은 전문성을 가진 교수를 비롯한 전문가들과, 현장 교사들의 협업이 합쳐져서 만들어진 결과물이기 때문이다. 그래서 우리는 흔히 교과서에 특정 내용이 수록되게 되면 그것의 가치를 공인받았다고 이야기하곤 한다.

이러한 교과서 자체가 주는 권위에 의한 긍정적인 점 이외에도, 교과서에 내용이 반영되는 것에는 큰 의의가 있다. 먼저, 교과서는 교육과정 구현의 가장 가까운 지점에 있는 교재다. 교육과정은 교육계에 있으면서 그것을 자주 보지 않는 이상 쉽게 접근하기도 어려울뿐더러, 명시된 내용들도 건조한 편이라 흥미롭게 읽기 쉽지 않다. 교육과정의 경우 NCIC(국가교육과정 정보센터)에 접속하면 시기별 교육과정을 확인할 수 있는데, 여담으로 교육과정을 평소에 잘 접하지 못했던 독자들이라면 확인해보면서 우리나라의 교육과정의 틀을 전체적으로 훑어보는 것을 권한다. 교육을 바라보는 관점에 좀더 체계적인 시각을 줄 수 있으리라 생각한다.

이러한 교육과정 문서를 유익함을 위해 따로 보는 것과 별개로, 이것이 많은 사람들에게 널리 읽혀지는 것은 별개의 문제다. 이 역할을 효과적으로 수행할 수 있는 것이 바로 교과서의 역할이다. 교과서는 학습자의 수준에 맞추어 교육과정의 내용을 '정제'한다. 학생들은 교육과정 문서 속에서 잠들어 있던 전문 용어들을 설명과 함께 이해 가능한 수준으로 수용한다. 물론 교과서의 집필이 어떻게 되었느냐에 따라 이러한 수용 과정에는 질적인 차이가 있을 수는 있다.

그리고 교과서는 교수 연구의 기초 자료이기도 하다. 일선 학교에서는 교사들에게 교과서와 함께 '지도서'가 배부된다. 지도서는 교과서의 내용에 어떻게 교수를 할 수 있을지에 관한 사항이 더해진 일종의 '지원서'라고 할 수 있다. 지도서를 일독하면 웬만한 수업 차시에 대한 수업 구성이 가능하다. 교과서 혹은 지도서를 통해 교사들은 수업을 운영할 뿐만 아니라 더 나은 수업을 위한 연구의 자료로 활용할 수 있다. 일종의 도약을 위한 '비빌 언덕'이라고 비유할 수 있다. 교과서와 지도서를 바탕으로 수업의 얼개를 구성한 다음 주제에 맞는 내용을 덧붙여 학생과 이해, 그리고 실천 중심의 수업으로 구성하는 과정이 연구의 목적이라 할 수 있다.

이러한 교과서의 의의는 그만큼 중요한 가치를 전달할 수 있는 효과적인 수단이 될 수 있다는 증거가 된다. 이전 단락에서 이야기했듯이, 국가균형발전이 교육과정에 명문화되어서 학생들의 교육에 반영이 되더라도, 그것을 학생들의 수준에 맞추어줄 수 있는 교과서를 만나지 못하면 날개를 달지 못하게 된다. 그렇다면 어떠한 방향으로 국가균형발전교육을 실현할 수 있게 교과서를 구성할 수 있을까?

먼저, 인과관계가 잘 드러나는 교과서의 구성을 선택해야 한다.

현재 초등학교 5학년의 사회 교과서를 예로 들면, 인구와 도시, 그리고 산업과 교통에 대한 내용을 병렬적으로 배운 다음에 네 개의 요소들의 관계를 탐색하는 구조를 취한다. 하지만 이런 구조의 경우 학생들이 여러 요소 사이에 일어날 수 있는 관계의 경우의 수를 이해하기가 어려울 수 있다. 만약 산업과 교통(사회간접자본)이 인구와 도시 발달에 줄 수 있는 영향을 순차적으로 다루었다면 훨씬 쉽게 접근할 수가 있었을 것이다.

인과적인 구성의 장점은 또 논리적인 사고를 돕는다는 특징도 있다. 원인과 결과를 파악해서 서술하는 것은 본질적인 이유에 대해 탐구할 수 있게 해주기 때문에 학생들의 사고 능력을 제고한다. 국가균형발전 주제의 예시를 들어 생각해보자면, 특정 지역의 낙후의 원인을 탐구하는 과정에서 학생 스스로 어떠한 이유에서 그러한 결과가 나타났는지 고민해보는 시간이 생길 수 있다. 만약 그러한 고려가 없는 중구난방식의 구성이라면 이러한 사고의 기회가 거의 없을 것이다.

다음으로 국가균형발전교육의 효과적인 실현을 위해서는 지도에 기반한 학습이 이루어져야 한다. 특정 지리적 현상들에 접근이 용이할 수 있는 지도에는 크게 점묘도, 단계구분도, 도형표현도 등이 있다. 점묘도의 경우 분포를 나타내기 용이하며, 인구나 산업 분포 등을 나타내는 것에 유리하다. 단계구분도는 인구 밀도 등의 값을 특정 면적에서 범례에 따른 구간으로 나타내기에 유리한 지도다. 마지막으로 도형표현도의 경우 특정 지역의 산업 구성비 등과 같은 전체에 대한 비율을 나타내기 유리하다.

이러한 지도들을 적재적소에 활용하여 학생들의 이해를 돕는 것이 필요하다. 특히 산업을 설명하는 부분에서는 도형 표현도를 통해 특정 지역의 주력 산업에 대해 시각적으로 표현하는 것이 학생들의 지식 습득률을 높일 수 있다. 집중화나 지방 소멸 등의 문제의 경우 점묘도를 활용하여 문제의 심각성에 대해 인지하게 하며 현상 파악을 시킬 수 있다. 마지막으로 인구 밀도를 주로 나타내는 단계 구분도 역시 집중화의 문제를 다룰 수 있는 도구로 사용될 수 있다.

학생들은 지도를 직접 해석하는 것에 그치지 않고 '백지도'를 이용해 주체적으로 지도를 구성해보는 활동들도 해볼 수 있다. 교과서의 본 지면을 활용하기 어렵다면 부록(최근 교과서들에서는 붙임 자료라는 이름으로 불린다)을 할애하여 학생들이 백지도를 이용할 수 있게 해야 한다. 백지도 그리기의 장점은 직접 지도를 제작함으로써 단순히 눈으로 수용을 하는 차원보다 도해력(지도 이해 능력)을 더 신장할 수 있음에 있다.

한편, 교과서는 단순 설명 제시식의 구성이 아닌 학생의 탐구를 촉진하는 방향으로 구성되어야 한다. 단순히 설명식으로만 이루어질 경우, 학생의 흥미를 끌지 못할뿐더러, 현상을 바라보는 주체적인 시선을 획득하기가 어렵다. 변화하는 21세기의 학습은 주어진 것을 모으는 식의 학습이 아닌, 가진 정보들로 다양한 경우의 수를 조합하는 것이 중요하기 때문에 학생이 탐구할 수 있는 과업을 충분히 제시하는 것이 적절하다. 이 때 탐구 과업의 수준은 학생들이 적절하게 도전할 수 있는 난이도여야 하며(너무 쉽거나 어려우면 안 된다), 실제적 맥락과 가까울수록 좋다.

그리고 탐구 과업이 제시되었을 때, 학생들에게 제공하는 질문들도 여러 종류가 있겠지만 수렴적인 답이 나오는 깃보다는 다양한 가능성을 염두에 두는 확산형 질문을 최대한 활용하는 것이 중요하다. 수렴형 질문은 정해진 자료 안에서 찾는 일종의 '스피드 게임'이라면, 확산형 질문은 다양한 답이 나올 수 있기 때문에 학생의 사고력을 증진하는 데 더 효과적이라고 할 수 있다. 예를 들자면, 국가 균형발전 정책으로 인하여 일어날 수 있는 긍정적 효과와 같은 질문 주제가 단순한 인구 밀도나 산업의 현황을 묻는 문제보다 더 학생들에게 도움이 된다는 의미다.

교과서의 구성 방향에 대해 생각을 해보았다. 그렇다면 교과서의 편찬 방향은 어떻게 변화하고 있으며 나아가야 할까? 현재 우리나라의 교과서들은 국정에서 검·인정으로 점점 변화하는 추세이다. 초등학교의 경우 대부분의 교과가 국정이었으나 2022년에는 사회와 과학 교과의 교과서가 검정으로 바뀌는 등 변화의 물결에 함께하고 있다. 이러한 경향은 국가가 시작과 끝을 맡아서 하는 국정보다는 개발을 다양한 주체에게 맡기고 선택을 일선 학교에게 권한을 주는 방식이 더 민주적이라는 생각에서 나온 것이리라 생각한다.

검정으로 교과서가 변화함과 동시에 찾아와야 할 변화가 있다면 바로 현장 교사들의 참여 확대이다. 현장 교사들이 참여하게 되면 보다 학생과 밀착한 실제적인 교육적 접근이 가능하게 된다는 장점이 있다. 대학 교수나 연구원들의 경우에는 더 많은 논문을 접하고 조사를 하기에 더 용이하다는 장점이 있을 수 있지만, 실제 학생들과의 상호작용을 일상적으로 하는 현장 교사들의 실제성을 더 높게 평가할 만하다.

현재 교과서는 연구, 집필 및 검토, 심의 및 감수의 형태로 개발이 이루어지고 있다. 연구 단계에서는 학문적으로 축적된 자료들을 바탕으로 교과서의 내용을 전문적으로 구성한다. 그리고 집필과 검토 단계에서는 실제 교과서를 쓰고 그것을 다듬는 작업이 이루어진다. 마지막으로 심의와 감수 단계에서는 최종적으로 교과서가 현장에서 사용될 수 있는지 승인하는 단계라고 할 수 있다.

현재 대부분의 단계에서 현장 교사들의 참여가 눈에 띄게 확대되었다. 특히 집필이나 검토의 경우 현장 교사의 비율이 과반수를 차지한다. 하지만 연구진의 경우 현장 교사들보다는 학문을 다룬다는 특성상 대학 교수의 비율이 훨씬 더 높다. 이것에 대해 공정성과 전문성의 차원에서 기계적으로 비율을 맞출수는 없겠지만, 전문성을 갖춘 교원들의 적극적인 참여를 유도하여 자연스럽게 비율을 높일 수 있도록 해야 한다. 어떠한 인센티브를 통해 전문성있는 인재들을 확보할 수 있을지 고민하는 과정이 필요할 것이다.

편찬과 관련하여 국가균형발전의 가치에 대해 공감하며 어떠한 방향으로 서술할지에 대해 사고를 펼칠 수 있는 전문성이 있는 현장 교사들이 모이는 것이 필요하다. 이러한 현상의 선결 조건은 국가균형발전에 대한 연구가 지속되는 것과 교육과정에 명문화가 되는 것이다. 이러한 현실적 조건 아래에서 내실이 있는 교과서 내용이 나올 것이고, 또한 자라나는 학생들이 국가균형발전에 대해 생각하는 계기를 마련해줄 것이다.

지금까지 교과서가 교육과정과 학습자 사이를 잇는 '연결교'라는 점과 국가균형발전의 관점에서 어떻게 교과서를 구성해야 하는지에 대해 살펴보았다. 또한 편찬 과정에서 어떠한 점을 염두에 두어야 하는지도 살펴보면서 '실제 현장'의 목소리를 듣는 것의 중요성을 강조했다. 앞서 말했듯이 교과서는 보편적인 언어로 많은 사람들에게 생각을 전달할 수 있는 창구다. 잘 짜여진 교과서를 통해 국가균형발전의 가치와 방향이 교육적으로 잘 이어져나가기를 바라는 바다.

평생교육으로서의 국가균형발전교육

말 그대로 지금은 변화의 시대이다. 과거에는 지식을 한번 획득하면 그것으로 '평생 지식'처럼 활용하며 살아갔지만, 이제는 그것이 점점 불가능해진다. 기술이 변하는 속도는 가속이 붙고 있고, 가치나 철학 역시도 처음에는 관성에 의해 뒤처지다가도 이내 기술을 따라가게 된다. 특히 현재의 시대에서는 4차 산업혁명의 대두가 가장 큰 '상수'다. 이것으로 인해 일자리나 경제와 같은 부문뿐만 아니라 다른 사회 전반에도 많은 파급이 예상되는 바이다.

이러한 기술의 변화만큼이나 우리 사회를 지배하는 것은 사회적인 변화다. 과거 우리 사회는 고속 성장의 기조에 발맞추어 거점을 중심으로 '빠르게' 성장하는 것을 강조하였다. 그러한 이유에서 대(大)를 위한 소(小)의 희생이 당연시되는 경향이 있었다. 그래서 이러한 분위기 속에 자신의 '일'만 잘하면 윤택한 삶을 보장받을 수 있다는 믿음이 있었다. 일종의 노력에 대한 신화가 형성된 것도 이 시기이다. 그렇지만 현시대는 다양한 가치들이 혼재하는 다원화의 시대이며, 또한 거점보다는 균형과 다양성, 그리고 공존을 중시하는 양상으로 나아가고 있다.

이러한 양 변화의 상황에서 주목받고 있는 것이 바로 '평생교육'이다. 평생교육은 배움을 일생의 한 시점(주로 학생 때)으로 국한하는 것이 아니라, 일생 전체로 확장하여 배움을 끊임없이 연속하는 것을 말한다. 평생교육은 많은 시민들을 시대의 변화에 적응토록 하고, 또한 끊임없는 공부를 통해 사고의 중단이 없게 한다는 점에서 민주 사회의 중요한 요소라고 할 수 있다. 그리고 정규 교육과정의 경우 길어야 16년 내외로 잡을 수 있지만(유치원 누리과정을 포함한 수치다), 평생교육의 경우 그 제한이 없다는 점에서 가치를 높게 볼 수 있다.

국가균형발전 역시 평생교육의 관점에서 충분히 접근해볼 수 있는 소재이다. 앞에서 말했듯이, 현대 사회는 거점보다는 균형을 지향하는 쪽으로 나아간다고 했다. 이러한 변화에 대한 학문적 접근을 통해 시민들은 소외되어왔던 공동체를 살리는 것에 대한 연구를 해볼 수 있다. 공동체를 포함하는 지역의 재생이 꼭 거시적인 개발 정책 연구만을 필요로 하는 것은 아니다. 마을 활동을 위한 재생 연구, 또는 실천적 캠페인의 방안이나 지역에 필요한 것에 대한 분석 역시도 모두 공동체를 살리기 위한 노력에 속한다. 가장 평범한 시민들에 의해 국가의, 그리고 지역의 균형발전 논의가 나올 수 있다는 점에서 큰 의의가 있다.

그리고 평생교육에 있어 국가균형발전의 관점에서 꼭 시민들에게 강조해야 하는 것은, 사회적인 재화를 제로섬 게임의 일부가 아닌 상생의 실현 대상이라고 생각하는 것이다. 이것은 소위 '가진 지역'과 '가지지 못한 지역'으로 양분을 하였을 때, 어느 쪽이든 갖추어야 할 기본 전제다. 가진 지역에서는 개발 정책을 뺏기는 것이라고 인식하고, 가지지 못한 지역에서는 빼앗아 와야 하는 것이라고 생각한다면 지역 갈등이 결코 해소되지 않을 것이다. 평생교육은 이러한 문제를 다루면서 사회적으로 발생할 소지가 있는 갈등의 씨앗을 해소할 수 있어야 한다.

평생교육의 관점에서 국가균형발전 주제를 다룰 때에는 국가 수준의 교육과정만큼의 체계성은 아니더라도, 분명한 틀에 의거해서 교육이 이루어져야 한다. 단순히 이슈 열거식 교육이나 강좌가 개설될 때만 급조 식으로 만들어지는 약식의 교육과정이 아닌, 장기간에 걸쳐 수정하고 쓸 수 있는 공식적인 교육과정을 의미한다. 교육과정의 체계가 없이 부실하게 운영될 경우, 때마다의 시류에 따라 교육이 흔들리게 될 가능성이 크다.

그리고 교육을 주관할 수 있는 기관의 경우 따로 정할 수 없겠지만, 국가균형발전과 지역 사회에 대한 연구 역량이 있는 기관이 진행하는 것이 적절하다. 가장 좋은 것은 지역에 거점을 두고 있는 대학에서 '평생교육원' 등의 직속기관을 활용해 국가균형발전 연구의 기회를 마련하는 것이다. 그럴 경우에 해당 대학의 지역에 대한 연구 역량과 주변에 거주하여 수강을 할 수 있는 시민들의 '밀착성'이 합쳐져 높은 시너지 효과를 낼 수 있다.

지방자치단체 차원에서도 평생교육 프로그램을 개설할 수 있다. 지방자치단체의 경우 풍부한 행정 자원을 바탕으로 지역 대학에 못지 않은 '지역 지식 역량'을 충분히 뽑낼 수 있다. 그리고 평생교육 프로그램을 통한 교육 결과를 환류하여 지역 행정에 반영할 수도 있다는 장점이 있다. 다만 지방자치단체의 경우 기본적으로 교육 기관이 아니기 때문에, 교육과정 구성 등에 있어서 다른 연구기관과의 협력을 통해 내실화를 기할 필요가 있다.

평생교육은 급변하는 시대에 대처할 수 있게 해주면서 시대적으로 필요한 주제나 가치에 대해 배우고 싶은 시민들에게 앎을 준다는 장점이 있다. 이미 우리나라의 많은 지역 사회에는 평생교육의 역량이 있는 연구기관들이 많다. 이들의 역량을 토대로 하여 국가균형발전에 관한 '열린 교육'이 이루어져야 한다. 내실화된 교육과정을 기반으로 국가균형발전의 관점에서 꼭 필요한 내용들이 잘 전달이 된다면 충분히 우리 사회를 바꾸어 나갈 마중물이 될 것이라 생각한다.

03
국가균형발전교육과 정치,
어떤 관계로 나아가야 할 것인가

국가균형발전교육은 기본적으로 사회의 문제를 다루기 때문에 정치적 문제와 불가분의 관계에 놓여 있다. 그렇지만 기본적으로 학교라는 현장은 정치에 있어 가치 중립적인 입장을 고수해야 하는 곳이다. 그렇기 때문에 학습 소재의 선정이나 수업 구성이 조심스러울 수밖에 없다. 현장의 교사들이 가장 어려움을 토로하는 부분은, 가치가 첨예히 대립하는 사안에 대해 과연 '기계적인 중립'을 고수하는 것이 가능하느냐는 문제다.

가령 예를 들어, 이전에 화제가 되었던 KTX 세종역 신설 이슈를 생각해보자. 이 이슈의 경우 정책 대결이기도 하지만 지역 간의 정치 대결이기도 하다. 각자는 자신들만의 '공익'을 내세운 나름대로의 논리가 있다. 양쪽의 주장의 공통점은 서로가 국가균형발전을 위한 선택을 하고 있다는 것이다. 하지만 그 이면에는 양보할 수 없는 지역 정치의 논리가 자리잡고 있다. 일정한 총합 아래에서 뺏고 뺏기는 판에서 패배하지 않으려는 투쟁인 것이다.

교사는 이러한 대립의 한 가운데에서 학생들을 중재하는 역할을 하면서 또한 토론 전체를 조율하는 역할도 해야 한다. 기본적으로 이슈에 대한 수업을 하기 위해서는 그 사안에 대한 튼튼한 배경지식이 필요한데, 그 과정에서 자신만의 가치 판단도 형성될 수 있다. 하지만 그러한 가치 판단이 있더라도 실제 수업에서는 교사가 그것을 드러내지 않는 것이 원칙이다. 단지 교사는 그거한 가치 판단의 종류가 있다는 것을 객관적인 시점에서 제시하는 정도가 적절하다.

교사가 특정 가치에 대한 선호를 표출하면 자연스럽게 학생들은 그 의견에 대해 무비판적으로 수용하게 될 가능성이 있다. 학생들에게 있어 교사는 '지식으로서의 권위'를 갖춘 존재이기 때문이다. 가치 판단 능력이 아직 미성숙한 학생들에게 교사의 편향된 생각을 제시하는 것은 큰 문제를 가져올 수 있다. 그렇기 때문에 학교 현장에서의 사회적 이슈를 다루는 교육은 '강요식의 전달'이 아닌 '생각하는 법'을 가르치는 것에 초점을 두어야 한다.

그렇다면 정치적 중립성을 유지하면서 어떻게 생각하는 법을 가르칠 것인가? 첫째, 교사는 최대한 학생들이 틀리더라도 자유롭게 말할 수 있는 기회를 부여해야 한다. 틀리더라도 다시 말하거나 생각할 시간을 준다면 학생들은 보다 자신감있게 자신의 생각을 표출

할 수 있다. 다만 이것은 학생들이 '틀린 생각이나 사실'을 그대로 갖고 가는 것을 의미하지 않는다. 교사는 객관적인 사실에 근거하여 학생들의 틀린 생각에 대해 교정할 수 있어야 한다.

다음으로 둘째, 교사는 학생들의 논쟁을 촉진함으로써 자신들의 생각을 근거에 의해 말할 수 있는 기회를 주어야 한다. 논쟁 그 자체는 실제 우리가 살아가는 삶과 맞닿아 있다. 그리고 또한 논쟁은 피해야 하는 것이 아닌 삶의 해결 과정이다. 이러한 논쟁의 가치를 경시한 채 단순한 수용과 '무비판적 합의'만을 추구할 경우 현실 세계에서 사회적 이슈를 대처하는 역량을 적절하게 기르기가 어렵다.

마지막으로 셋째, 교사는 학생들이 스스로 토론 참여와 자신의 생각에 대해 반성할 수 있는 기회를 줌으로써 사회적 현상에 대한 생각을 더 성숙하게 만드는 계기를 갖도록 해야 한다. 성찰의 시간이 없이 수업의 종료와 함께 논쟁이 끝나게 되면 그 생각에 대해 더 깊게 생각할 수 있는 겨를이 없이 다른 수업의 장으로 넘어가게 된다. 반성할 수 있는 시간을 학생들의 정비 시간 정도로 생각하지 않고, 교육의 연장으로 생각할 수 있어야 한다.

국가균형발전교육의 차원에서 다시 정리해서 고찰해보자면, 앞에서 이야기한 KTX 세종역 문제나 기타 이슈들(혁신도시의 유치, 도로나 철도의 부설, 산업 시설의 유치 등이 있을 것이다)에 대해서 교사가 수업의 장에 가지고 오면 그것으로 학생들은 치열한 논쟁을 벌인다. 찬성과 반대로 나누어 토론을 하면서, 학생들은 자신의 생각을 피력하고 타인의 생각을 경청하는 법을 배우게 된다. 이 과정에서 교사는 가치중립적으로 중재자의 역할을 충실히 수행해야 한다.

토론의 과정에서 자신이 없더라도 학생들은 충분히 말할 수 있는 권리를 가져야 하며, 틀려도 되는 유연하면서도 수용적인 분위기가 갖추어져야 한다. 한편 토론이 끝나면 진행되었던 논쟁에 대한 충분한 반성과 피드백의 시간이 있어야 한다. 이 과정을 통해 학생들은 자신이 국가균형발전에 관해 주장했던 점에 대해 다시 생각해보게 되고 생각을 더 다듬는 계기가 마련될 수 있다. 또한 스스로 사고하는 능력을 신장할 수 있다는 점에서도 긍정적인 면이 드러난다.

정리하자면, 국가균형발전교육과 정치는 서로 정책 등의 연결성 등에서 관련이 없지는 않지만, 교육의 현장에서는 철저히 중립으로 평행선을 그어야 한다. 중립의 방안은 단순한 지식 전수가 아닌, 논쟁을 제시하되 그것에 대해 중재자의 역할을 교사가 수행하는 것이다. 그리고 학생들은 가치 판단의 주체가 되는 훈련을 함으로써 자유롭게 사고할 수 있도록 해야 한다. 학생들이 특정 '정파나 세력'과 무관하게 국가균형발전에 관해 사실을 기반으로 사고할 수 있는 토대가 교육에서 마련되어야 한다.

04
코로나 이후의 교육,
균형 잡힌 미래를 열 수 있다

코로나19 바이러스 감염증의 위세가 심상치가 않다. 2020년 상반기와 하반기 초에 1, 2차 파동을 거친 뒤, 초겨울의 시작과 함께 창궐한 3차 파동은 기세가 쉽게 꺾이지 않고 있다. 사회적 거리두기 2.5단계가 장기화되고 5인 이상의 사적 모임이 금지되는 등의 행정적 조치들이 동반되면서 사회 전체적으로 침체된 분위기가 지속되고 있는 상황이다. 이러한 양상은 비단 민생에 국한된 것이 아니라, 교육 측면에서도 많은 영향을 미치고 있다.

초기 바이러스의 유행으로 인해 개학은 연기되었고, 전시 상황에 준하는 대응으로 '온라인 개학'이라는 초유의 조치도 실행되게 되었다. 학교라는 공간의 밀집성과 다중 접촉성, 그리고 어린이와 청소년들의 건강 문제가 결합되어 온라인 개학을 대표로 하는 비대면 수업은 점차 새로운 표준으로 학교 현장에 자리를 잡게 되었다. 확진자 수가 감소된 상황에서도, 소규모 학교(대개 60인 이하를 기준)를 제외하고는 대부분의 학교들이 1/3 또는 2/3 등교와 온라인 수업의 혼합 형태로 학사 운영이 진행되었다.

코로나19 바이러스 상황의 종료 시점은 아직 알 수 없지만, 한 가지 확실하게 주지할 수 있는 사실은 '교육 환경'에 있어서의 장기적으로 이루어질 변화가 꽤 빠른 시간 안에 엄청난 변화를 맞이하게 될 것이라는 점이다. 일단 기본적으로 정보 기기의 보급이 이전에는 학생 개개인의 상황에 따라 차이가 발생하였다. 하지만 코로나19 상황 이후인 지금의 경우 각 시도 교육청에서 학생들의 정보기기 현황을 조사하여 대여 또는 보급을 하게 되면서 정보 격차가 많은 부분 완화되고 있다.

그리고 이전에는 인터넷을 통한 학습이 실제 현장에서의 수업에 대한 보조의 성격을 띠었다면, 이제는 그 자체로 주된 학습이 될 수 있다는 점이 언급할 수 있는 변화라고 할 수 있다. 물론 그 효과성에 대해서는 아직 갑론을박이 많을 수 있지만, 적어도 정보기기를 통한 학습의 지위에 대한 공론 형성이 가능하다는 것은 큰 의의라고 볼 수 있다.

국가균형발전의 핵심은 지역과 지역의 불균형 해소다. 이전 시기의 경우, 학생들의 교육에 대한 접근성이 지역별로 차이가 났다. 학생들이 이용하고자 하는 교육 인프라가 경제 논리에 의해 수요가

Ⅳ.교육으로 균형의 미래를 말하다

많은 지역(보통 대도시)에 편중된 경향이 있었기 때문이다. 하지만 정보 기기를 통한 온라인 콘텐츠의 접근성 강화는 소외된 지역의 학생들에게도 교육에 대한 접근성을 강화해 장기적으로 정보 격차를 완화하는 효과를 거둘 수 있을 것이다. 한 마디로, 온라인을 활용한 교육은 국가균형발전의 새로운 가능성을 열 수 있다.

하지만 지금 현재는 과도기이다. 단순한 콘텐츠의 집합체는 정보 취사선택 능력이 없는 학생들을 망망대해에 표류시키는 것과 같은 맥락이다. 이러한 과도기적 상황을 극복하기 위해 중요한 것은 먼저, 실제 교육과정과 같이 '정교하게 조직된' 온라인 콘텐츠의 개발이다. 이러한 조직성은 한 학기나 단원 수준은 물론이고 차시 단위까지 해당되는 부분이다. 단순한 정보의 나열식 제공이 아닌, 처음-중간-끝이 유기적인 수업 콘텐츠의 제공이 필수적이라고 할 수 있겠다.

다음으로, 상호작용이 있는 학습이 가능해야 한다. 온라인 수업에 있어서 '줌(ZOOM)'을 활용한 실시간 수업이 많이 도입되는 이유는 단순히 그 시간에 이루어진다는 자체에 있기 보다는, 학생과 교사 사이의 상호작용이 더 쉽게 이루어질 수 있다는 점에 있다. 물론, 실시간이 아닌 자료 제공형 수업에서도 댓글을 통한 소통으로 상호작용은 충분히 가능하다. 실시간 수업의 진행이 힘들 때에는 대안으로 자료 제공형 수업을 통해 최대한의 상호작용을 이끌어낼 수 있는 방안을 모색하는 것도 필요하다.

코로나19 바이러스는 정보화의 보편화를 상당 부분 앞당겼다. 그리고 이러한 정보화의 확대는 지역 간 학생들의 정보 격차를 이전에 비해 점점 해소를 하고 있는 상황이다. 이제는 국가균형발전의 시각에서 온라인 교육의 양적 확대를 넘어 질적 수준의 제고를 어떻게 이루어야 할지 고민해야 할 때다. 미래 교육의 성패는 보편적 교육에 달려 있다고 해도 과언이 아니다. 포스트 코로나를 대비하며 확대되는 온라인 교육의 개선과 발전을 위한 노력에 최선을 다할 때다.

학급 당 인원 감축이 가져올 교육 환경의 변화

코로나 시대 이후 교육에서 가장 화두가 되는 부분 중 하나는 학급 당 학생 수다. 등교와 원격 수업의 기준을 가른 것도 결국 학급 당 인원이 중요한 열쇠였다. 대도시의 다인수 학급에서는 아무리 방역 수칙을 철저히 지키더라도, 많은 인원수 탓에 공백이 생기기 쉽다. 교사의 눈을 벗어나는 사각지대가 분명히 학교 내에 존재하고, 규칙을 대체적으로 준수하는 학생들이라 하더라도 완벽을 기대하기는 힘들기 때문이다.

이러한 점에서 정치권에서 제기되고 있는 학급 당 인원수 적정화 법안은 주목할 만하다. 현재 국회에서는 학급 당 적정 인원수를 20명 이하로 제한하는 교육기본법 개정 법률안이 상정되어 있는 상황이다.[44] 이러한 법안은 팬데믹이라는 특수한 상황에 대한 대응으로도 긍정적인 평가가 가능하지만, 전반적인 학교에서의 교육의 질을 제고할 수 있다는 점에서 바람직하다고 할 수 있다.

학급 당 인원수를 감축하여 교육의 질을 높이자는 주장은 과거부터 교육계와 교육대학교 학생들로부터 목소리가 지속적으로 나왔었다. 일각에서는 학령기 인구 감소로 인해 학급 당 인원수 감축 주장에 대해 회의적인 논리를 펼치는 경우도 많았다. 하지만 이것은 인구가 현재 지속적으로 감소하고 있는 지역에 대해서는 가능할 수 있는 관점이지만, 기존 인구와 전입 인구가 합쳐져 콩나물시루와 같은 교육 환경을 지닌 신도시 등의 학교에서는 해당이 되지 않는다.

국가균형발전의 본질은 삶의 질 제고와 균등한 가치의 향유에 있다. 수도권, 그리고 대도시권의 과밀 학급 문제는 집중화에 문제의 열쇠가 있다. 이러한 집중화 자체의 해소는 국가균형발전 정책의 영역이라면, 교육 환경 개선은 교육의 틀 안에서 고민해볼 수 있을 것이다. 우선적으로 가장 단기적인 처방은 과밀 학급 혹은 전체 학생수 자체가 많은 학교의 학급을 증설하여 학급 당 인원을 절대적으로 낮추는 방편이 있다.

위 법안이 공식적으로 시행되게 될 경우에는 많은 학교들이 이러한 방향으로 학급 당 인원수를 조정하는 선택을 하게 될 것이다. 학생들의 경우에는 인원이 감소한 학급에서 수업을 받게 되기 때문에, 피드백을 받을 기회도 더 늘어나고 수업 활동(발표 등)에 참여하게 되는 비중이 늘어 전반적인 학교 생활에 대한 효능감이 늘 수 있다는 효과를 기대해볼 수 있다. 교사 역시 학생 개개인에게 더 신경을 쓸 수 있고, 또한 학생들이 더 많을 때보다 생활 지도 측면에 있어서 더 깊이 있는 접근이 가능하게 된다.

하지만 개별 학교의 학급 증설은 예산 문제라는 경제적인 현실을 극복해야 한다. 한정된 예산으로 모든 학교가 기준에 부합할 수 있을 정도의 학급 증설은 현실적으로 힘들 수 있다. 결국 우선 순위나 분배 가능한 가용 범위 아래에서 단계적으로 증설을 추진하는 방향이 고려된다. 또한 학급 증설의 경우 교원 확대와도 연결되기 때문에, 보다 종합적인 예산 검토가 필요하다고 볼 수 있다.

다음으로 고려해볼 수 있는 방안은 중장기적으로 고려할 수 있는 대안이다. 바로 '대도시와 농산어촌 및 중소도시의 교육적 교류를 확대'하는 방안이다. 앞서 이야기했던 전남 지역의 전학을 오면 관사를 제공하는 학교의 사례처럼 자연스럽게 그 지역에서 얻을 수 있는 교육적 효과를 매개로 과밀한 인원의 학교들의 학생들에게 농산어촌이나 중소도시로 일종의 '유학' 기회를 주는 것이다.

해당 방안은 지방 소멸의 문제로 학교 존폐의 기로에 있는 읍면 단위의 학교들에게 새로운 돌파구를 마련할 수도 있으면서, 대도시의 학생들과 학부모들에게 감염병의 위험이나 과밀 학급의 폐해로부터 또 다른 가능성을 찾게 만들 수 있다. 소위 작은 학교들은 우선 학급 당 인원수가 적기 때문에 감염병 상황에서도 탄탄한 대응이 가능하고, 앞서 말한 교사의 피드백 시간 증대와 심층적인 생활지도들이 큰 학교에 비해 유리하다는 장점이 있다.

관사 제공의 경우 새로 건축을 하는 방안보다는, 기존 학교의 관사나 또는 지역에서 유휴 건축물을 매입하여 임대하는 방향도 생각해볼 수 있을 것이다. 그리고 개별 학교의 예산으로는 한계가 있기 때문에 교육청이나 교육지원청 등 상위 기관이나 해당 지자체의 협조가 필수적으로 이루어져야 할 것이다. 한편 해당 정책(대도시-농산어촌 교육 교류)의 총괄적인 기획의 경우 교육부 차원에서 코로나19 상황 극복과 국가균형발전의 측면에서 필요한 사항이라고 검토하고 대대적인 홍보와 실행이 이루어지는 게 효과적일 것이라 생각한다.

코로나 이후 미래 교육의 변화상에 대해 첫 번째로 학급 당 인원수(장기적으로는 학교 전체 인원수)의 감축 방향에 대해서 이야기를 해보았다. 위에서 다룬 논의들의 효과성은 장기적인 관점으로 지켜봐야 한다. 결국 본질은 대도시의 학교들이든 중소도시 혹은 농산어촌의 학교들이든 감염병 위험으로부터 보호받는 안전한 환경, 그리고 교육의 질이 담보될 수 있는 환경에 놓여야 한다는 점이다. 모든 지역의 학생들이 적정한 규모의 교실에서 모두가 만족할 수 있는 학교생활을 할 수 있는 미래를 기대해 본다.

지역 방방곡곡 퍼지는 원격 교육의 혜택

'흩어지면 죽고, 뭉치면 산다'라는 관용 표현은 코로나 시대에는 옛말이 되었다. 이제는 거리두기가 일상화되어 모두의 건강을 위해 흩어지는 것이 옳다는 방향으로 사고가 전환되었다. 학생들의 웃음 소리와 일상 이야기로 이야기 꽃이 피던 교실은, 대화의 최소화가 미덕이 되었다. 차라리 교실에서 마스크를 쓰면서 침묵을 지키는 건 고마운 일에 속할 수도 있다. 학교조차 못나가는 비대면 수업, 즉 원격 수업이 이전과 다르게 일상으로 자리잡고 있다.

코로나 이전의 세상이 돌아오기 쉽지않다는 말은, 단순히 감염병의 지속에 의미가 있는 것이 아니다. 코로나19 감염증에 대응하는 과정에서 발생한 제도나 사고 체계 등이 지속적으로 이후의 세계에도 영향을 줄 수 있다는 의미이다. 이를테면, 코로나 이후 재택 근무가 활성화되게 될 가능성이 높은 이유로 이미 사람들이 '직주 분리'가 아닌 '직주 일치'의 가능성을 보기 시작한 것을 거론할 수 있다. 실제로 2020년 하반기에 나온 한 기사에 따르면, 조사 대상 직장인의 4분의 3 이상이 재택 근무에 만족한다는 결과도 있었다.[45]

교육의 현장에서도 비대면과 대면 중 어느 한쪽으로 일상화가 될 것이라는 단언은 힘들 수 있지만, 확실한 것은 비대면(원격) 교육이 이전보다 확대되고 그 중요성 역시 부각될 것이라는 점이다. 적어도 학교 현장에서는 블렌디드 러닝(원격과 대면 수업을 혼합한 형태의 수업)이 더 늘어날 것이며, 이에 대한 연구와 교사 대상 연수도 확대될 것으로 예상이 된다. 그리고 블렌디드 러닝이 활성화되게 된다면, 학교 현장의 상황에 맞추어 온라인이나 오프라인의 비중 분배도 달라지게 될 것이다.

학생들에게 생기는 가장 큰 변화는 '자율적 학습 능력'의 필요성이 더 커진다는 것이다. 원격 교육의 특성상 물리적으로 직접적인 지도가 힘들기 때문에 학생 스스로 자기 자신을 통제하는 능력이 필요하다. 원격 교육 확산이라는 트렌드가 일시적인 변화가 아닌 장기간에 걸친 변화임을 전제할 때, 앞으로 교육에 있어서 스스로 통제하는 능력의 중요성은 더 강화될 것이다.

이러한 자기 통제 능력이 잘 갖추어진다면, 학생들은 오히려 기존의 물리적 교육 환경의 제약을 넘어 자기 주도적 학습 능력을 더욱 강화시킬 수 있다는 긍정적인 전망도 해볼 수 있다. 교실이라는 전통적 학습의 장은 교사가 짜임새 있게 준비한 수업을 학생들이 접하고, 피드백을 받을 수 있다는 장점이 있다. 하지만 기본적으로 교실에서의 수업은 학생들의 수준을 평균적인 척도에 맞추기 때문에, 더 '심화된 학습'을 원하는 적극적인 학생들의 수요를 만족시키기 어렵다는 한계점이 있다. 또한 학교 이외의 교육 시설의 미비(도서관 등)로 심화 학습의 기회가 단절된 지역의 학생들의 경우에도 원격 교육의 활성화는 새로운 가능성을 열어줄 수 있다.

현재 공적 부문에서는 EBS나 한국교육학술정보원(KERIS) 등이 다가오는 미래의 원격 교육에 대해 연구와 개발을 활발히 이어갈 수 있으리라 기대를 받고 있다. 이러한 기관에서는 교육의 소프트웨어적 측면을 연구하면서 학생들의 기본학습과 보충학습, 그리고 나아가 심화학습까지 탄탄히 할 수 있는 방안을 고안해낼 수 있을 것이다. 이 과정에서 필요한 것은 단순히 교육과정 상의 내용을 재생하는 수준에 그치는 것이 아니라, 학습자의 입장에서 유의미하게 인식될 수 있는 교육적 내용을 원격의 틀에 담을 수 있어야 한다는 것이다. 여기에서 교육의 유의미성은 학생의 '확실한 이해'에 보다 초점을 두어야 한다.

인터페이스 역시 전통적인 강의식을 탈피한, '상호작용'이 원활하게 가능한 플랫폼을 구성하도록 해야 한다. 실시간 쌍방향 수업이 아닌 경우에는, 시간차가 있더라도 질문과 답변이 원활하고 또 쉽게 이루어질 수 있는 구조가 필요하다. 질문 게시판 등의 창구는 물론 과거부터 존재하였겠지만, 질문에 대한 답변을 전담으로 하는 교육 인력을 확대하여 학생들의 학습을 원활히 할 수 있도록 하는 방안도 강구할 수 있을 것이다.

하드웨어 측면에서는 학생들의 정보화 기기에 대한 접근성 확대가 필요하다. 코로나19 감염증 확대 이후에 교육부 차원에서 대대적인 학생들의 정보 기기 현황 조사가 있었다. 온라인 개학 이전의 조사 결과 정보 기기 미보유 학생이 22만명이나 될 정도로 아직까지 정보의 사각지대에 놓인 학생들이 많다는 것이 밝혀졌다.[46] 앞으로의 원격 교육의 확대에 대비하여, 소득 분위에 따라 정보 기기 지원이나 대여 계획을 수립하는 방안이 필요하다. 적어도, 기기가 없어서 교육의 공백이 발생하는 것은 막아야 한다.

원격 교육의 확대로 그릴 수 있는 미래에는 소외된 지역의 학생들도 교육의 혜택을 톡톡히 누릴 수 있는 국가균형발전의 모습도 있다. 도서관이나 서점조차 없는 농산어촌의 학생이 정보 기기를 활용해 원격으로 다양하고 깊이 있는 교육적 자료에 접근하는 모습은 앞으로도 더 일상적인 모습으로 접할 수 있을 것이다. 이러한 일련의 과정에서 학생들은 배움에 대한 의지만 확실히 갖춘다면 양질의 교육을 자신이 원하는 만큼 흡수할 수 있을 것이다.

코로나로 인한 변화는 때로 새로운 가능성을 열어줄 수 있다. 이제 비대면의 확대는 상수로 받아들여야 한다. 원격 교육은 소프트웨어와 하드웨어의 확보, 학생들의 배움에 대한 의지가 결합된다면 지역을 초월하여 학생들이 양질의 교육을 받을 수 있게 할 수 있다. 이 세 박자가 잘 맞기는 쉽지 않지만, 그 과정에 대한 실험은 계속될 것이다. 이러한 과정에서 인내를 가지고 '교육의 균형'에 대한 가치 실현을 위해 관련된 모두가 최선의 노력을 경주해야 할 것이다.

부록

국가균형발전의 이슈,
생각을 밝히다

KTX 세종역, '상생적 추진'을 모색하는 것이 어떨까?

KTX 세종역 정차는 지역 정치권을 달구던 뜨거운 이슈였다. 인구 34만명의 세종시와 인구 159만의 충청북도가 지역의 이권을 두고 치열하게 다투던 각축장이었으며, 그 갈등은 지금도 첨예하게 현재 진행형이다. 세종시는 향후 국가균형발전의 중심적 역할을 할 것으로 기대되는 지역으로, 충청 지역을 넘어 비수도권 지역에서의 중심적 역할까지도 담당할 것으로 예상되기에 더욱 이 이슈에 대한 관심이 뜨거워지고 있다.

세종시가 아주대학교에 의뢰하여 진행된 KTX 세종역의 예비타당성 조사 결과는 통과 기준인 편익 1에 근접한 0.89로 과거 2017년에 수행된 사전타당성 조사 결과(0.59)보다 상승한 수치가 나왔다. 하지만 국토교통부에서는 과거 수행된 사전타당성 조사 결과를 토대로 세종역 신설에 난색을 표한 상황이기도 하다.[47] 사회간접자본의 건설을 주관하는 부처에서 일종의 반려를 한 상황이라 당분간은 세종역 찬성 측 입장에서 냉기류가 흐를 전망이다.

또한 세종시는 강하게 추진하려 하는 입장이지만, 다른 지방자치단체와의 갈등으로 추진에 상당히 난항을 겪고 있다. 먼저, 가장 큰 갈등의 진원지는 앞에서 말했듯이 오송역을 둘러싼 충청북도와의 갈등이다. KTX 세종역의 부지는 행정중심복합도시의 남측에 있는 세종시 금남면 발산리 일원인데, 오송역으로부터 약 18km 가량 떨어져 있다. 이것은 수도권에 대응하여 거리를 비교해보면 서울역과 광명역 사이의 거리 정도가 된다.

충청북도에서 세종역 신설에 강하게 반대하는 이유는 바로 '오송역의 수요 감소'이다. KTX 세종역이 건설되게 되면, 서울에서 세종으로 방문하는 승객들이 기존대로 오송역에서 하차하지 않고 바로 세종역으로 가서 더 짧은 거리를 이동한 뒤 정부청사에 도달할 수 있기 때문이다. 역에서 하차 후 더 짧은 거리를 이동하기 때문에 승객들 입장에서는 교통비가 더 절감될 수 있다는 장점이 있다. 이러한 상황에서 충청북도 입장에서는 도의 미래를 걸고 투자한 오송역과 오송단지(생명과학)이 의미가 퇴색되지 않도록 결사 반대를 할 수밖에 없는 입장이다.

그리고 또한 호남 지역(광주, 전남, 전북)의 경우 호남고속철도의 저속화를 우려하며 세종역의 신설에 반대하는 입장을 표하고 있다. 호남권에서는 KTX 호남선 공주역과 오송역 예정지 사이의 거리가 44km 정도인데 세종역이 생기게 되면 역간 거리가 다시 축소되어 제대로 달리지 못하는 고속철이 될 것이라는 비판을 발표한 바 있다.[48] 빠른 속도로 목적지에 도달하는 것이 가장 큰 목표인 고속철과 관련하여 지역 차원에서 충분히 제기될 수 있는 비판이었다고 생각이 든다.

이러한 지역 간의 갈등의 장을 살펴보았는데, 다시 원론적인 부분으로 돌아가보자. 국가균형발전의 이론화 부분에서 이야기했듯이, 지역의 발전에 있어 가장 선결 조건은 '사회간접자본'이다. 원활한 교통은 발전의 필수적인 요건이다. 교통이 발달해야 그 이점을 유인으로 하여 산업 기반을 유치하고 정주 여건을 보다 안정적으로 형성할 수 있다. 아무리 초기 투자 비용이 많이 들더라도 사회간접자본에 대한 투자가 필수적인 이유다.

세종시는 현재 우리나라 국가균형발전의 중심축으로 많은 행정 기능들이 이전하면서 도시의 기틀이 점차 만들어지고 있다. 하지만 더 큰 반등을 위해서는 행정 기관뿐만 아니라 산업 기반도 다수 유치를 할 필요가 있는데, 그것의 가장 큰 조건은 결국 교통이다. 서울-세종 고속도로가 향후 준공되어 도로 교통의 개선이 기대가 된다면, 철도에서는 세종역이 큰 역할을 수행할 것이라 기대를 하고 있다.

세종역을 비판하는 논지에 대해 논의를 해보자면, 먼저 KTX 세종역이 건설되게 되면 수도권에서 출퇴근을 하는 사람들이 더 늘어날 것이라는 의견이 있다. 이것의 경우 사례를 발견할 수는 있겠지만, 일반화하기는 쉽지 않다. 우선 서울과 세종을 잇는 고속철도의 이용비나, 매일 출퇴근을 하는 데 걸리는 왕복 시간(대기 시간이나 자택과 철도, 그리고 철도와 직장 사이의 이동 시간을 고려한 시간)을 생각하면 결코 쉽게 생각할 문제가 아니다. 세종시 자체가 여러 기능들이 통합된 도시로 진화하고 있어 정주 여건이 점차 개선되고 있기 때문에 정착에 대한 유인을 높이는 쪽으로 생각해야지, 교통수단 자체를 없애는 것은 극단적인 생각이다.

그리고 역 사이의 거리 단축으로 인한 소요 시간 증가의 문제는 지역 발전으로 인한 편익을 고려하는 것이 더 적절하다고 생각한다. 모든 지역들에게 발전의 기회를 주기 위해 정차역을 간이역처럼 만드는 것은 분명 비효율적인 일이다. 하지만 세종시의 경우 충분히 역의 입지를 통해 미래의 지방 거점 도시 역할에 시너지 효과가 있을 것이라는 기대가 있다. 그래서 필자는 이러한 시간적인 지연에 대한 인센티브로 교통비 인하 등의 방안을 통해 균형을 맞추는 것이 적절하지 않을까 하는 의견을 개진하고 싶다.

그리고 마지막으로, 오송역과의 문제의 경우 KTX 세종역과 제로섬 게임의 관계라고 생각하기보다는, 각 역사가 위치한 곳이 인접 지역들의 발전의 축이 되도록 공동 발전하는 방향을 모색해야 한다. 쉽게 생각하면 이렇다. 오송역은 세종시 북부와 오송, 나아가 서청주 권역을 관할하고, 세종역은 세종시 남부와 대전 유성 북부를 관할하는 방안으로 성장하는 것이다. 이것은 서울의 서울역과 영등포역의 관계와도 유사하다고 할 수 있다. 둘의 관계가 독립적이듯이, 오송역과 세종역 역시 향후 발전의 양상에 따라 각자 자연스럽게 독립적으로 성장하는 권역이 될 것이다.

앞에서 살펴보았듯이 세종역의 건설은 긍정적인 미래의 효과가 기대가 되는 정책이다. 하지만 그에 못지 않게 반발도 심하고, 해결해야 할 문제도 많다. 그렇기 때문에 긍정적인 면만을 바라본 채 정책이 가져올 수 있는 그림자를 외면해서는 안 되고, 필요성이 충분히 있는 사업이더라도 느긋한 시간을 두고 추진하는 것이 바람직하다. 우선적으로 필요한 것은 지역 간의 충분한 합의다. 지역 간의 입장차를 최대한 줄이고, 그 다음으로 예비타당성조사와 같은 정량적인 측면에 있어서의 정책적 타당성을 '넉넉히' 인정받은 다음에 추진해도 지금 시점에서는 늦지 않으리라 생각이 든다.

관습헌법으로 좌절되었던 행정수도 이전, 되풀이되어야 하는가?

최근 정치권에서 세종특별자치시로의 행정수도 이전에 대한 화제가 연일 불타오르고 있다. 과거 행정수도를 추진했지만 좌절된 이후, '행정중심복합도시'라는 이름으로 변경 추진되어 2012년에 세종시가 공식 출범한지 벌써 10년이 다 되어가고 있다. 그 시간 동안 행정수도 이전의 필요성은 잊혀지지 않고, 비대칭적인 대한민국의 발전과 집중화의 문제, 그리고 지방소멸 등의 문제와 맞물려 뇌관이 언제 터질지 전전긍긍하던 상황이었다.

흔히 세종의 행정수도화는 '관습헌법'에 의해 일그러졌다고 이야기한다. 먼저 관습법은 법률과 같이 입법기관에 의해 만들어진 것이 아니라 일상에서 관행으로 이루어지고 있는 법을 칭한다. 이는 명문화된 법(성문법)이 미비하던 먼 과거에 주로 존재하던 법으로 현대 사회에서는 공식적인 법적 효력을 갖는 성문법의 부족한 측면 또는 모호한 측면에 대해 보충하는 기능으로 의미가 전해지고 있다. 그리고 관습헌법은 불문헌법의 일종이기도 한데, 불문헌법이란 한 국가에서 시대적으로 중요성을 갖는 문서 등을 근거로 하여 그것을 관례로 삼아 통치의 질서로 삼는 법이라고 할 수 있다. 불문헌법의 경우 그것을 실제로 국가의 기본 헌법으로 삼는 사례가 있지만, 관습헌법의 경우 법학계에서도 그것의 존재나 인정 가능성에 대해 의견이 분분하다.[49]

2004년 헌법재판소에서는 '신행정수도의 건설을 위한 특별조치법안'을 위헌이라고 판단했고, 관습헌법에 의해 대한민국의 수도는 서울이라고 못박았다. 이 과정에서 헌법재판소의 논리는 다음과 같이 공회전한다. 행정수도 이전 법안은 중요한 국가적 사안을 법률을 통한 시행을 통해 헌법 제130조의 내용인 헌법 개정(관습헌법의 복선이 여기에 있다)에 있어서의 '국민투표권의 행사'를 막은 것이기 때문에 위헌이라는 것이다.

하지만 이러한 의견에 대해 적합한 절차를 밟기 위해 국민투표를 하는 것도 헌법재판소에 의해 허용되지 않았다. 구체적으로 이야기하자면, 이 사건에 대해 헌법재판소에서는 관습헌법의 '사멸' 인정을 위해서는 국민투표 등의 신뢰성 있는 방법이 거론될 수 있지만, 이 사안의 경우 '관습헌법'이 명백히 존재하므로 개헌의 절차가 필요하다는 논리를 개진했다. 즉, 문제의 본원인 '관습헌법의 개정'을 위해서는 성문헌법의 개정, 즉 대한민국의 헌법을 개정하는 것이 필요하다는 의견이 나오게 된 것이다.

우선 헌법재판소에서 관습헌법의 존재를 뒤집는 것은 쉽지 않다는 관측이 나온다. 헌법재판소의 지난 결정에 대한 번복은 형성되어온 권위에 대한 붕괴이자 신뢰에 대한 손상이라는 의견이 이를 뒷받침한다. 하지만, 관습헌법은 학계에서도 '의견이 분분한' 공식화가 조심스러운 존재이다. 역설적이게도 성문화되어있지 않다는 것이 이를 뒷받침한다. 과연 권위를 위해 판례를 유지하는 것과, 국가균형발전을 요구하며 국민 다수가 이해하지 못하는 판례를 뒤집는 것 중에 어떤 것이 바람직할지에 대해 반문하고 싶다.

헌법재판소가 관습헌법을 바꾸기 위한 조건을 성문헌법의 개정 조건이 아닌 '국민 투표'나 다른 그에 준하는 방법으로 판결을 내릴수도 있다. 하지만 이것 역시도, 우리 사회에서 공식적으로 존재하지 않는 관습헌법으로 인해 빠르게 갈 수 있는 일을 멀리 에둘러 우회하는 사회적 비용을 치르게 하는 것이다. 행정수도 이전에 대한 국민투표 한 번의 절차가 관습헌법 개정과 행정수도 이전을 위한 투표라는 두 번의 절차로 확대되게 된다.

결국, 진정으로 정치권이 이 문제에 대해 해결 의지가 있다면 절충을 택하기보다는 정공법을 택해야 한다. 헌법재판소의 선택이 번복되지 않을 것 같다면, 국민의 선택을 믿는 방향으로 가야 한다. 즉, 헌법의 개정을 통한 행정수도의 이전을 추진하는 것이다. 국민의 선택이 행정수도를 향한다면 국민투표는 통과될 것이고, 그렇지 않다면 통과되지 않을 것이라는 당연한 논리에 따라야 한다.

법적으로 헌법 개정을 위해서는 재적 국회의원의 과반이나 대통령이 먼저 발의를 해야 한다. 이 과정에서 대의제인 우리나라의 특성에 맞게 국민의 의견이 반영이 될 것이다. 그 다음으로 국회에서 재적 의원의 2/3 이상이 기명투표로 찬성을 해야 한다. 마지막 절차는 과반의 국민이 과만 이상의 찬성으로 투표를 하였을 때 헌법은 비로소 개정될 수 있다. 이러한 복잡한 절차는 헌법이 국가에 있어 가지는 무게감을 보여주는 방증이기도 하다.

행정수도 이전은 더 이상 묵은 논쟁이 아니라 국가균형발전의 필요성에 의해 강력하게 요구되는 시대적 목소리이다. 그것의 필요성은 역설하지만, 선택은 국민의 몫이라는 것을 다시 한번 더 밝힌다. 관습헌법이라는 이름 하에 국민의 선택권조차 박탈되었던 과거는 이제 되풀이되어선 안 된다. 정치권을 넘어 국민들이 목소리를 내어 국가균형발전을 위한 대한민국의 새로운 거점에 대한 관심을 모을 때다.

자문 기구인 국가균형발전위원회의 권한, 확대되어야 한다

국가균형발전위원회의 경우 국가균형발전특별법에 근거하여 대통령 직속으로 설립된 자문위원회다. 위원장과 자문역을 위한 위원들로 구성되어 있으며, 위촉위원, 당연직위원, 그리고 전문위원으로 구성되어 있다. 수도권에 집중된 인구 문제 해결에 대해 문제 인식을 하고 그것에 따른 정책을 발굴하며 추진하는 것을 주된 조직의 목표로 하고 있다. 그리고 또한 공공기관 이전에 대한 심의 및 의결 기능을 하고 있어 국가균형발전 정책 추진에 중대한 역할을 차지하고 있다고 할 수 있다.[50]

하지만 위원회의 지위와 별개로, 현재는 자문기구이기 때문에 실질적인 집행 능력이 없다는 것이 큰 난점이라고 할 수 있다. 각계의 전문가(위원)들을 통해 훌륭한 정책을 내더라도 그것의 실제 실행은 현실에서 다를 수 있기 때문에 집행 능력이 없는 것은 머리가 있지만 손발이 없는 상태라고 할 수 있다. 그런데 최근 국가균형발전위원회의 지위를 높여 조직의 권한을 확대한다는 이야기가 들려오고 있다. 즉, 행정위원회로 바꾸어 집행 능력까지 갖춘 조직으로 만드는 것이다.

행정위원회로 조직이 격상되게 되면 조직이 전체적으로 개편될 뿐만 아니라 책임감이 더 부여된다는 점에서 의의가 있다. 자문기구 체제 하에서는 국가균형발전 정책에 대한 '제안'의 수준이었던 것이 변화하여 가시적으로 보이는 '실행'으로 즉각적인 결과를 기대해볼 수 있는 것이다. 사실 국가균형발전이 새로운 시대에 새롭게 다가오는 가치라는 것에는 많은 사람들이 동의하겠지만, 그것을 주무로 하는 '실권있는' 부처가 필요했던 것이 사실이다.

국토교통부와 같은 정부 부처가 있지만, 국가균형발전과 지방분권이라는 단독적 이슈만을 처리하는 것에 한계가 있다. 국토부의 경우 국토 전체를 관할하며, 부동산 정책에 더 비중을 두는 경향이 있기 때문이다. 혁신도시나 기타 제반 국가균형발전 정책의 활성화를 위해서는 더욱 국가균형발전위원회의 확실한 힘이 필요하다. 지금도 자생적으로 제 기능을 하지 못하는 혁신도시나 다른 균형발전 정책의 결과들을 볼 때, 여러 지방자치단체 간의 협업을 통한 정책의 집행이 더 필요해 보인다.

그리고 필자는 국가균형발전위원회가 행정위원회로 권한이 확대되게 된다면, 당부하고 싶은 것이 있다. 바로 '소외되는 지역을 주도로 한 균형발전 정책'이다. 혁신도시의 경우 공공기관 이전을 통한 광의의 '거점형 균형발전 전략'이다. 혁신도시를 먼저 성장시킨 다음 다른 도시로 발전의 파급을 의도한 것이기 때문이다. 하지만 그러한 정책의 효과가 가시적이기에는 속도가 느리기도 하고, 꾸준히 진행되는 지방 소멸의 속도를 감당하기 어렵다. 그렇기 때문에 소멸이 걱정되는 지역부터 그 지역의 규모가 작더라도 살리기 위한 정책 연구를 추진해야 한다.

그 방안은 필자가 2장에서 서술한 방법론과도 맞닿는 것이 많을 것이다. 이를테면, 사회간접자본의 개선을 통해 접근성을 높이고, 기업을 유치하는 데 유리한 입지를 형성하는 것이 우선일 것이다.

그리고 지역 주민들의 삶의 차원에서 삶의 질에 필요한 기능을 충족시켜 정주 여건을 개선하고, 또한 확보하는 것이 필요하다. 이러한 지역에 대한 투자는 결코 낭비가 아니라, 사라져가는 지역을 살리는 처방이다.

이러한 접근은 국가균형발전위원회와 같이 국가균형발전만을 전문으로 하는 조직이 아니면 염두에 두기 어렵다. 국가균형발전위원회는 다양한 이해관계나 가치의 충돌에서 국가균형발전이 가장 큰 우선순위여야 한다. 국가균형발전 정책의 추진 과정에서 또한 걱정할 수 있는 부분은 지역 간 갈등 상황에서 과연 위원회가 할 수 있는 역할에 대한 것이다. 하지만 이것은 책임론으로 다시 연결하여, 사회적 합의와 정해진 법률의 틀 안에서 위원회가 중재와 문제해결의 역할을 할 수 있도록 해야 한다.

사실 국가균형발전위원회는 2003년 출범하여 근 20년 가량 지속된 조직이다. 초기에 행정수도 이전이 헌법재판소의 판결에 의해 뒤집어지고, 그 이후로 국가균형발전에 대한 관심이 쇠퇴하여 조직의 동력이 식고 지역발전위원회로 변경되어 존속한 적도 있었다. 하지만 이제는 국가균형발전의 시대이다. 과거의 우여곡절을 딛고 이제는 새롭게 일어서야 한다. 행정위원회로의 개편이 이루어지게 된다면, 무거운 책임감을 가지고 국가균형발전 정책 연구와 실행에 최선을 다해야 할 것이다.

국가균형발전과 교육의 미래를 마치며

현재 대한민국의 사회적 분위기는 많은 방면에서 침체되어 있다. 코로나19 바이러스 감염증으로 인해 '정상'으로 여겨지던 사회의 많은 부문들이 작동을 멈췄고, 이제는 새로운 시대를 감당해야 한다는 관점에서 뉴 노멀(New Normal)을 주장하는 목소리도 일각에서 들린다. 또한 수차례의 부동산 정책에도 주택 가격은 안정화되지 않으며, 사람들은 수도권으로의 이주를 멈추지 않는다. 그에 따라 지방의 소멸 시한은 점점 가까워지고 있다.

국가균형발전은 이제 고려할 수 있는 하나의 '변수'가 아니라, 우리가 필수적으로 인식해야 하는 '상수'가 되었다. 즉, 이것을 계속 상수에 두지 않을 경우 우리가 직면하게 될 미래는 상상할 수 있는 디스토피아 그 이상일 것이다. 대도시의 과밀화는 자연스럽게 해소되지 않을 것이고, 학교조차 없는 지방의 작은 지역은 젊은이들이 정착하지 않고 모두 떠나게 되어 더 이상 인구를 품을 수 없게 될 가능성이 높다.

사회적 변화는 통념과는 다르게 거시적인 정책보다는 미시적인 시민들의 의식 변화에서 더 크게 일어난다. 시민들의 힘의 총합은 상당히 많은 것을 바꿀 정도로 힘이 세다. 이것은 민주사회의 본질과도 맞닿는다. 하지만 가장 중요한 첫 걸음은 많은 사람들이 국가균형발전의 필요성에 대해 공감하는 것이라고 생각한다. 이러한 많은 사람들의 관심과 공감은 한 번에 이루어지지 않고, 오랜 시간에 걸친 과정이 필요하다. 그 과정에 있어 핵심적인 역할을 하는 것은, 이 책에서 관통하는 주제인 '교육'이다.

교육은 국가균형발전을 빛낼 수 있는 창이다. 아무리 국가균형발전의 필요성과 가치가 강조가 되어도, 그것이 사회적 가치로 가장 확실히 인정받는 방법은 교육의 현장에서 이것이 실현되는 것이다. 살펴보았듯이 처음부터 완성형으로 진행될 수는 없다. 한 걸음씩 차근차근 각계와의 협의 과정을 통해 교육과정부터 국가균형발전의 이름을 새길 수 있도록 해야 한다. 그리고 교육은 항상 미래를 지향해야 하듯이, '국가균형발전교육' 역시 새로운 시대에 맞도록 부단히 변화하는 존재가 되어야 한다.

그리고 또한 교육은 백년대계라는 말로 알 수 있듯이 미래를 지향해야 한다. 교육 속에 국가균형발전의 가치를 담는 과정에서 지식 혹은 실제적 적용의 측면도 중요하지만, '왜 이것이 미래를 위해 필요한가?'라는 물음을 안고 교육의 현장에 자리 잡을 수 있어야 한다. 이것은 하나의 답이 있는 것이 아니라 다원화된 양상으로 여러 색깔을 보일 것이다. 이러한 여러 색깔들을 바탕으로 균형 잡힌 국토를 위해 어떠한 점이 중요할지 진지하게 고민하는 과정이 교육의 틀 안에서 필수적으로 이루어져야 한다.

마지막으로 국가균형발전은 투쟁이 아닌 '상생'을 지향한다. 한정된 파이를 운용해야 한다는 점에서 제로섬 게임의 원리를 대응하는 사람들도 있겠지만, 그러한 장 속에서의 모두의 만족을 찾는 것이 국가균형발전의 본질이다. 교육의 힘을 바탕으로 국민들이 불균형한 국토에 대한 상생 방안을 정책적으로 숙고하고, 의사소통할 수 있게 해야 한다. 교육을 통해 이러한 인식의 틀을 갖추었는지 여부는 미래를 극적으로 바꿀 수 있게 할 수 있다.

앞으로의 시대가 의사소통을 더 강조한다는 점에서, 국가균형발전의 책임은 더욱 무거울 것으로 생각이 된다. 물론 지역 간의 갈등과 이권을 향한 다툼, 감염병으로 인한 혼란이 극심한 이때지만, 이러한 시대에도 희망에 대한 고삐를 늦춰서는 안 된다. 가장 어두운 새벽은 동이 트기 위한 서막이다. 그리고 동이 트는 과정에 교육이 굳건한 역할을 할 수 있다는 점을 상기하자. 국가균형발전과 교육을 통해 대한민국의 모든 지역에 '빛'이 고르게 들기를 기원한다. 그리고 더 행복한 건강한 사회가 되기를 간절히 바란다.

후주

1) 국가균형발전특별법, https://www.lawnb.com/Info/ContentView?sid
=L000009603#P2

2) 국가 통계포털 인구총조사(2018), http://kosis.kr/search/search.do

3) 김한식, '혁신도시 10년, 성과와 과제', 전자신문, 2017.09.12.

4) 김정훈. "젠트리피케이션 지역의 상생을 위한 중요요인 연구." 국내박
사학위논문 서울벤처대학원대학교, 1쪽, 2018. 서울

5) 황현규, "'요즘 거길 누가 가나요?'…이태원 상권의 몰락', 이데일리,
2020.05.10.

6) 박종국, '무늬만 충북혁신도시'…공공기관 통근버스 예산 4년새 3배
↑, 연합뉴스, 2020.03.18.

7) 국가 통계포털 시군구별 이동건수(2020), http://kosis.kr/index/in-
dex.do

8) 장수정, '멀티플렉스는 영화관을 어떻게 변화 시켰나', 헤럴드경제,
2019.09.05.

9) 조준혁. "인구변동불확실성과 지방정부의 사회간접자본 투자결정."
국내박사학위논문 서울대학교 환경대학원, 14쪽, 2013. 서울

10) 장은석, '수익형 민자사업 적자보전 '눈덩이'', 서울신문 , 2013.10.14.

11) 산업입지법, 국가법령정보센터 홈페이지(http://www.law.go.kr/LS-
W//main.html)

12) 국가 통계포털 전극산업단지현황통계(2019년 4분기)

13) 박순기, '인구감소 반성 '검정넥타이 출근' 상주시 인구 10만 회복 역부족', 연합뉴스, 2019.03.22.

14) 박재천, '충주시 유튜브 구독자 14만9천명…서울시 제치고 전국 1위', 연합뉴스, 2020.09.29.

15) 마강래, 『지방도시 살생부』, 개마고원, 189쪽

16) 황기현, "지속가능한 개발 측면에서 본 수도권신도시계획의 변천." 국내박사학위논문 서울대학교 환경대학원, 51쪽, 2013. 서울

17) 선권수, "중심지체계와 도시공간구조 특성에 관한 연구." 박사학위 논문, 한양대 대학원, 2009, 11쪽

18) 김효화, "활동중심지 개념을 기반으로 한 수도권 다핵 중심성 변화 연구." 국내박사학위논문 서울대학교 대학원, 14쪽, 2015. 서울

19) 천영준, "오송을 세계적 바이오 중심지로"…충북도, 기업 유치 인프라 조성, 뉴시스, 2020.06.14.

20) 코로나19 시도별 발생 현황, http://ncov.mohw.go.kr/bdBoard-List_Real.do?brdId=1&brdGubun=13&ncvContSeq=&contSeq=&board_id=&gubun=

21) 오장욱. "극단치이론을 적용한 서울시 초미세먼지(PM2.5) 리스크 분석 및 요인 연구", 17쪽

22) 서울도시농업박람회, http://www.agro-cityseoul.com

23) 지방교육재정알리미(교육부), http://www.eduinfo.go.kr/portal/ma-in.do#contents

24) 조성민, "'대도시 학교보다 낫네'3개교 통합 기숙형 공립 청양 정산 중', 연합뉴스, 2020.06.17.

25) 천정인, '전학생 무료 관사' 무산 위기 시골 학교 돌파구 찾나', 연합 뉴스, 2019.12.15.

26) 권형진, '지자체와 협력해 '위기의 지방대' 살린다…올해 천억 투입', 뉴스1, 2020.01.20.

27) 이성진 외, 『교육심리학 서설』, 교육과학사, 2쪽

28) 여상한. "초등학교 프로젝트중심학습 설계모형의 실행전략 개발." 국내박사학위논문 계명대학교 대학원, 8쪽, 2016. 대구

29) 2015 개정 초등학교 사회과 교육과정(2015.09) 참고

30) 박은종. "한국 사회과 교육과정 분석 및 발전적 모형 개발에 관한 연구." 국내박사학위논문 공주대학교, 82쪽, 2007. 충청남도

31) EBS 저녁뉴스, '경기도교육청 '마을교육공동체' 키운다', 2015.01.06.

32) 2015개정 교육과정 총론 참고

33) 2015 개정 사회과 교육과정 참고

34) 다음 백과사전 "공정성" 참조, https://100.daum.net/encyclopedia/view/v022ma520a4

35) 2015 개정 교육과정 창의적 체험활동 부분 참고

36) 우지영. "정당민주주의 확장으로서 지방정당에 관한 연구." 국내박사학위논문 경기대학교 정치전문대학원, 2018, 20쪽

37) 윤종석, '정부, 국토종합계획 실천계획 138개 수립…매년 실적 점검', 연합뉴스, 2020.07.13.

38) 변봉주. "지방자치 발전을 위한 지역신문의 역할 재고방안의 관한 연구.", 1쪽, 국내박사학위논문 한성대학교, 2007.

39) 박대성. "지방분권의 인식에 대한 영향요인 분석.", 12~13쪽 국내박

사학위논문 국민대학교, 2010.

40) 조민영, '검·경 수사권 조정, 자치경찰제 도입과 맞물려 '삐그덕', 국민일보, 2019.02.18.

41) 고성민, '7·10 부동산 대책에도 서울 집값 0.09% 상승', 조선비즈, 2020.07.16.

42) 홍후조. "국가 수준 교육과정 개발 패러다임의 전환(1).", 6쪽 교육과정연구 17.2(1999): 209-234. 전면 개정형에서 점진 개선형으로, From Total Revision Paradigm to Partial Improvement Paradi.

43) 인성·진로 교육, 안전·건강 교육, 민주 시민·인권 교육, 다문화 교육, 통일 교육, 독도 교육, 경제·금융 교육, 환경·지속가능발전 교육

44) 윤성효, "학급당 학생수 20명 이하 법제화해야", 오마이뉴스, 2020.10.27.

45) 김유민, "직장인 4명 중 3명 "재택근무 만족"…가장 큰 이유는", 서울신문, 2020.11.26.

46) 김승환, "IT기기 없는 학생 22만명 넘어…저소득층 우선 대여", 세계일보, 2020.04.03.

47) 김석모, '"KTX세종역 재추진" 충청도가 다시 들끓는다', 조선일보, 2020.07.11.

48) 최명국, '호남선 저속철 우려 불식하나…KTX 세종역 불가", 노컷뉴스, 2020.07.09.

49) 이범준, '행정수도 이전, 16년 전 "관습헌법" 결정…여야 합의로는 못 바꾼다', 경향신문, 2020.07.27.

50) 정현수, 권혜민, '균형발전위, 장관급 행정위원회로 격상…"9월 중 입법"', 머니투데이, 2020.07.27.

국가균형발전과 교육의 미래

초판 1쇄 발행 2021년 5월 28일

지은이 윤복상
펴낸곳 글라이더
펴낸이 박정화
등록 2012년 3월 28일 (제2012-000066호)
주소 경기도 고양시 덕양구 화중로 130번길 14(아성프라자 6층)
전화 070)4685-5799 **팩스** 0303)0949-5799 **전자우편** gliderbooks@hanmail.net
블로그 http://gliderbook.blog.me
ISBN 979-11-7041-067-6 93370

글라이더는 독자 여러분의 참신한 아이디어와 원고를 설레는 마음으로 기다리고 있습니다.
gliderbooks@hanmail.net 으로 기획의도와 개요를 보내 주세요. 꿈은 이루어집니다.